贵州董箐考古发掘报告

贵州省文物考古研究所

文物出版社

封面设计　张希广
责任印制　陆　联
责任编辑　于炳文

图书在版编目（CIP）数据

贵州董箐考古发掘报告/贵州省文物考古研究所编著.
－北京：文物出版社，2012.7
ISBN 978-7-5010-3481-9

Ⅰ．①贵…　Ⅱ．①贵…　Ⅲ．①文化遗址－发掘报告
－贵州省　Ⅳ．①K878.05

中国版本图书馆CIP数据核字（2012）第127216号

贵州董箐考古发掘报告

贵州省文物考古研究所　编著

＊

文物出版社出版发行
北京市东直门北小街2号楼
http://www.wenwu.com
E-mail：web@wenwu.com
北京燕泰美术制版印刷有限公司制版印刷
新　华　书　店　经　销
开本：787×1092　1/16　印张：13
2012年7月第1版　2012年7月第1次印刷
ISBN 978-7-5010-3481-9　定价：185.00元

目　录

插图目录

图版目录

序　言

　　董箐古遗址位于贵州中西部北盘江下游贞丰县者相镇和镇宁苗族布依族自治县良田乡的两县交界处的北盘江畔，2005年5月因修建董箐水电站而发现，同年进行了发掘。董箐遗址分为两处，一个是属于贞丰县者相镇毛坪村的董箐小河口，一个是属于镇宁县良田乡顶坛村的坝包组田脚脚，两遗址隔江相望，距离仅200米。这部由发掘主持者贵州省文物考古研究所研究员刘恩元主笔的发掘报告，即是对这两处地点发掘成果的总结。

　　报告由4篇13章33节和前言及编后记组成。第一篇为概述，下分4章分别介绍了遗址所在的地理环境、历史沿革、文物分布情况、位置及发掘经过和工作情况；第二篇为田脚脚遗址，下分3章17节分别介绍了田脚脚遗址地理环境、发掘方法、地层堆积及各种遗迹及文化遗物；第三篇为小河口遗址，分4章14节，前三章和第二篇一样，分别介绍了小河口遗址的地理环境、发掘方法、地层堆积及遗迹、遗物，第四章介绍了仅有的两座石板墓；第四篇分两章，分别讨论了遗址的性质和年代。

　　两处遗址面积均不很大，田脚脚遗址约4000平方米，小河口遗址约3000平方米；文化堆积较薄，厚度都不超过1米；文化遗迹虽有房基、灶、灰坑、陶窑、水沟等，但数量都不多，结构亦不复杂；文化遗物虽有石、骨、陶、铜、铁等多种，但多较零碎。实事求是说，董箐遗址不算是内涵很丰富的遗址，况且又是配合基本建设进行的发掘。但即使如此，发掘主持者和报告执笔者，仍然是高标准严要求，没有丝毫的松懈。读过报告文本我们就会知道，无论哪一章节，都写得那么细致具体。例如文化遗迹中的房基，不仅交代了发现的每一座房基的层位、形状、尺寸大小、结构、保存状况，而且还对基址上的柱洞逐一列表写明了其直径、深度和填土情况，读了文字再对照附图和照片，就会有一个完整的印象。再如文化遗物的陶片，除个绍了数量，质地、颜色、纹饰，还对每一器类作了型式划分，并选出标本一一作出说明。作为田野考古发掘报告，最重要的是要将发掘所获资料，经科学整理之后尽可能多地发表，正是对出土遗迹和遗物作了这种细致而又具体的描述，才保证了资料的完整性，使得其蕴含的信息得以最大限度的保留。

当然，考古发掘报告不仅是发表材料，还要用科学方法解析材料。第四篇第一章，通过对田脚脚和小河口两个遗址点文化内涵的比较，认为虽丰富程度有别，房基结构和遗物种类及组合亦小有差异，但基本特征一致，应属同一文化性质的遗存。不过将其与临近地区的其他文化遗存相比，既不同于安顺宁谷发现的汉代遗址和墓葬，也不同于兴义万屯和兴仁汉墓及普宁铜鼓山战国秦汉遗址等文化遗存，而具有更多自身的特点，可作为北盘江中游一个有地方特色的文化的代表。第四篇第二章，通过两地点第（4）层和第（3）层出土陶器的对比，确认两者基本相同，没有根本的区别，又联系文化层中出土钱币，推断其第（4）层可能属魏晋时期，第（3）层可能会晚到唐宋时期。但由其文化内涵反映出来的文化面貌来看，它虽含有来自中原汉地的文化因素，但大量的仍是以当地为主的文化特色。至于其为当地哪一少数民族的遗存，目前仅有的材料，还难以作进一步的推测。这当然是慎审的态度。

从尽可能多的收集材料和尽可能通过分析揭示其反映的社会状况以及丰富的图表、照片等全面衡量，这无疑是一部合格的、达到了基本要求的考古发掘报告。

不过我想借这个机会指出，报告在介绍房基、灰坑、柱洞等遗迹层位时，有时还出现某某遗迹分布于某某层或某某层发现有某某遗迹这样的表述，这是不科学的。因为遗迹也是独立的地层单位，我们只能说某某遗迹开口于某某层下打破某某层，而不能说某某遗迹属于某某层。好在在作这样的表述之后，往往又会紧接着说该遗迹开口于某层之下打破某层。例如，第二篇第二章第二节介绍田脚脚遗址的柱洞，在说"第四层发现的132个柱洞，主要分布于T2、3、4、6、7、8、14、15、17等9个探方"之后，即又说"均开口第（4）层下打破生土"，从而纠正了前面含混的容易造成误判的表述。

将考古发现的遗迹归于某某文化层是以前考古学界常见的说法，报告主笔刘恩元先生是1972年入北大考古专业学习的，当时包括已从北大考古专业毕业十多年的我在内，都是这样的认识，只是后来邹衡先生告诉我"一个遗迹单位就相当于一个地层"，我才作了纠正，因此从根源上说还是老师的责任，这是不能怪刘恩元的。但话又得说回来，现在大家都已认识到将遗迹归入某文化层不妥，当年的老师也已改变了看法，就不能再固守成说了。从1972年刘恩元入北大历史系考古系上学至今，我们相识已近40年了，这次又在一起讨论考古上的问题，一下子就把我们又带回到30多年以前一起摸爬滚打的岁月，真是太有意义了。知识好像无边的海洋，是学不尽的。"活到老，学到老"是我的追求，恩元虽已年届退休，但还是要小我多岁，因此也是适用的。乘应恩元之约为报告写序的机会说了这些话，我想恩元是不会怪罪的。

李伯谦

2011年冬日

前　言

2005年3月，贵州省文物考古研究所根据《中华人民共和国文物保护法》及有关法律法规之规定，与贵州北盘江电力股份有限公司签订了《董箐水电站库区淹没区及施工区进行文物考古调查勘探合同》。5月份，对电站库区及施工区的征地范围进行了全面调查和勘探。经调查，在董箐库区发现古遗址两处，分布在镇宁苗族布依族自治县良田乡顶坛村坝包组田脚脚和贞丰县者相镇毛坪村董箐小河口。2005年10月至12月，贵州省文物考古研究所会同中山大学及黔西南州文管会，贵州安顺市文化局，贞丰县文广局、文物管理所、镇宁县文物管理所等单位专业人员组成联合考古发掘队，对董箐电站库区施工区的两处古遗址进行抢救性考古发掘，并对北盘江下游及周边进行调查和重点钻探。

第一编 概 述

第一章 地理环境

董箐位于贵州中西部，北盘江下游，行政区域分别隶属贞丰县者相镇和镇宁苗族布依族自治县良田乡两县交界处的北盘江畔。

北盘江属于珠江水系广西西江左岸支流，发源于云南省宣威马雄山西北麓，流经滇东及贵州黔西南。于贵州省望谟县蔗香双江口与南盘江汇合后称红水河。流域面积2.583万平方公里，其中贵州境内2.044万平方公里。干流长449公里，其中贵州境内327公里。流经贵州水城、六枝、晴隆、关岭、贞丰、镇宁、望谟、册亨、罗甸等县市，河源至都格为上游，茅口为中、下游的分界。天然落差1982米，平均比降4.4‰，年均流量390立方米／秒。贵州境内主要支流有可渡河、拖长江、乌都河、麻沙河、打帮河、大田河等。河网密度平均为13.6公里／百平方公里。流域西北海拔1500～2000米，东南在800～1500米，全流域山地占85%。上游流经滇东喀斯特高原；中游坡降大，滩多流急，河床切割深，以峡谷为主，区间有小型河谷盆地或宽谷，如都格、茅口、盘江等地，由于喀斯特发育，两岸常见峰丛洼地、峰丛谷地、峰丛，峰林，洼地，漏斗，落水洞，沿河常有暗河、伏流汇入；呈现以溶蚀作用为主的地貌景观。河谷多深U形或V形峡谷，两岸坡陡高耸，山势险峻。下游主要流经砂、页岩低山、丘陵区，坡降渐小，宽、峡谷交替，有舟楫之利，白层以下为古代水上货运通道。可经广西西江而下直达广州番禺。

北盘江属亚热带湿润季风气候，年均温15℃～18℃，无霜期长达280～320天，年降水量1200～1300毫米。4～9月为湿季，10月～翌年3月为干季。北盘江属雨源型河流，年径流深578毫米。受季风气候控制，年内分配不均。5～10月为丰水期，占全年径流量的84%。最大洪峰流量5250立方米／秒，出现于7月；最小流量仅42立方米／秒，常出现于4月，洪枯流量变幅达125倍。径流年际变化较小。因流域地势起伏大，植被遭受破坏，水土流失严重，河流悬移质含沙量达2.4千克／立方米。北盘江水能资源丰富，全流域水能储量达320.7万千瓦，其中干流蓄能161.4万千瓦，可进行11个梯级开发，有多处优良水力坝址。由于河谷炎热，甘蔗、柑橘、芭蕉、紫胶生长良好。流域内布依、苗、彝族聚居集中。

第二章　历史沿革

北盘江古称牂牁江。据《史记·西南夷列传·索隐》记载:在西汉时期"夜郎又有豚水,东至四会入海,此牂牁江。"《汉书·地理志》云:"豚水东至广郁","郁水首受夜郎豚水"。这说明豚水即牂牁江。牂牁江发源于夜郎辖境。

《史记》还载:"巴蜀民或窃出商贾,取其筰马,僰僮,髦牛,以此巴蜀殷富";"南越食蒙蜀枸酱,蒙问所从来,曰:'道西北牂牁,牂牁江广数里,出番禺城下'"。《汉书·地理志》对牂牁江的记载,与《史记》相吻合。《水经注》"温水"条下又注云:"温水出牂牁夜郎县,又东至郁林广郁为郁水"。"郁水"注文曰:"郁水即夜郎豚水,……豚水东北流经淡藁县(今普安县境),东经牂牁郡且兰县,……又东南经母敛县西……又经郁林广郁县为郁水"。这和《汉书·地理志》所载基本相同,"温水"和"豚水"即今南、北盘江无疑。

根据调查考证,贵州的河道,只有盘江(红水河)才东流至广郁,也只有盘江才东连郁水。牂牁江有南、北二源,北源发源于云南宣威,史称"豚水",今北盘江;南源到云南曲靖,史称"温水",今南盘江。南北盘江在今贵州望谟与册亨以南汇合后,东经贵州罗甸县南部,又东南折入广西境内,称为红水河。考今贵州南、北盘江,今南盘江河道狭窄,险滩过多,水流急险,无可行船,北盘江从贵州贞丰县者相镇大坪村董箐可通行到达广西石龙与柳江汇合后而东流至桂平合郁江而称浔江,至仓梧(今广西梧州)合桂江称之为西江,经广东肇庆至番禺(今广州)入海称之为珠江。首尾约四千零三十余里,这是西汉时期牂牁江的全程。综上述史籍对水道记载及实地考察和北盘江流域出土大量的新石器时代至汉魏及唐宋时期文化遗存分析得以证实,我们的祖先早在数千年前就在北盘江流域繁衍生息及开发这一江域。

第三章　文物分布概况

贵州省文物考古工作者,从20世纪70年代开始进行文物普查,20世纪80年代至2006年,配合贵州境内的北盘江至红水河上游的11座梯级水电站建设,对电站的库区及施工区进行了全面的文物调查,分别在北盘江流域的中、下游及红水河上游的关岭、晴隆、贞丰、镇宁、望谟、罗甸等县境内的北盘江两岸台地及崖壁发现有新石器、秦汉、宋、明时期古遗址及古墓葬和崖画,以及明清时期摩崖石刻、石窟、桥梁等古代文化遗存二十余处。其中关岭、晴隆、贞丰、镇宁、望谟、罗甸等县境内的马马岩、董箐及龙滩等三座水电站的施工区和水库淹没区的海拔400米以下的北盘江

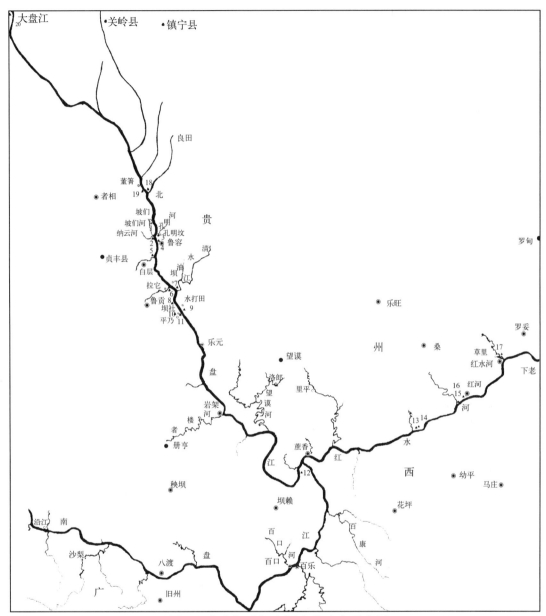

图一　北盘江及红水河文物分布示意图

及红水河两岸一级台地的耕地内发现新石器时代至宋明时期的遗址和墓葬近20处（图一），即关岭县新铺乡大盘江村陋板龙秦汉遗址。镇宁县良田乡顶坛村坝包田脚脚遗址，贞丰白城镇天生桥新石器时代遗址、白城镇观音洞新石器时代遗址，鲁容乡孔明坟新石器时代遗址、坝岩汉遗址，者相镇大坪董箐小河口遗址，白层坡闷汉代遗址、鲁蓉乡坝油秦汉遗址、鲁贡镇拉它汉遗址、白城镇磨扒时阁卡地汉遗址、鲁贡镇平乃村坝若汉遗址，望谟县乐元镇李好村水打田汉遗址、望谟县昂武镇渡邑明墓、望谟县昂武镇渡邑明代古窑址，册亨县坝颖镇纳芽遗址，罗甸红水河镇羊里新石器时代遗址、罗甸小马场洒亭新石器时代遗址、罗甸红水河镇压红水河小庙山明清墓葬，浪更燃山墓群等；以及明清时期摩崖石刻、石窟及崖壁画和古桥梁等古代文化遗存十余处。

近年来对上述所发现的遗址和墓葬进行了抢救性发掘，对地面古代文化遗存分别进行了收集资料、搬迁及原地加固保护。

通过对北盘江及红水河上游所发现各时代的古文化遗存发掘和材料的整理、研究，将使我们对北盘江至红水流域的贵州古代历史文化有更深入的了解和认识。本报告只对董箐电站库区的两处遗址进行整理研究。

第四章 董箐古文化遗址地理位置及工作情况

一 地理位置

董箐田脚脚遗址及小河口遗址位于贵州镇宁县良田乡及贞丰县者相镇境内交界的北盘江东西两岸。东岸为镇宁县良田乡顶坛村坝包组东南的缓坡台地上的田脚脚遗址，遗址东北距镇宁县城约50公里。西岸为贞丰县者相镇大坪村董箐组小河口遗址，遗址西北距贞丰县城约30公里。田脚脚及小河口两遗址隔江相望，相距约200米左右（图二；图版一）。

田脚脚遗址所在的一级阶地，高出北盘江河床约10米左右，遗址北面有一条小溪沟流入北盘江，海拔高程为375米左右，遗址地理坐标，东经105°45′34.10″，北纬25°32′07.35″。遗址台地地势较为平坦，东北地势陡峭，半山腰有一条公路由贞丰通往镇宁县城。经对该遗址钻探实测，遗址南北长约150米，东南宽约30米，现存遗址面积约4500平方米。由于濒临北盘江，经常受到洪水的直接冲刷，遗址西部边缘遭到严重破坏，在河流冲击过的断壁上可以清楚地看到文化堆积层及陶器残片。

小河口遗址位于贞丰县者相镇毛坪村董箐组东南1.5公里的缓坡台地上。距北盘江河床约5米左左，海拔高程为370米左右，遗址地理坐标为东经105°45′23.33″，北纬25°32′01.08″。遗址台地较为平坦，北侧及西北为陡峭坡地，半山腰有一条新修公路通往贞丰县者相镇，南侧有一小溪流入北盘江。经对该遗址实测钻探，南北长约50米，东西宽约20米。遗址现存面积约2000平方米。由于濒临北盘江，经常受到洪水的直接冲刷及耕耘，使遗址西部边缘遭到严重破坏。

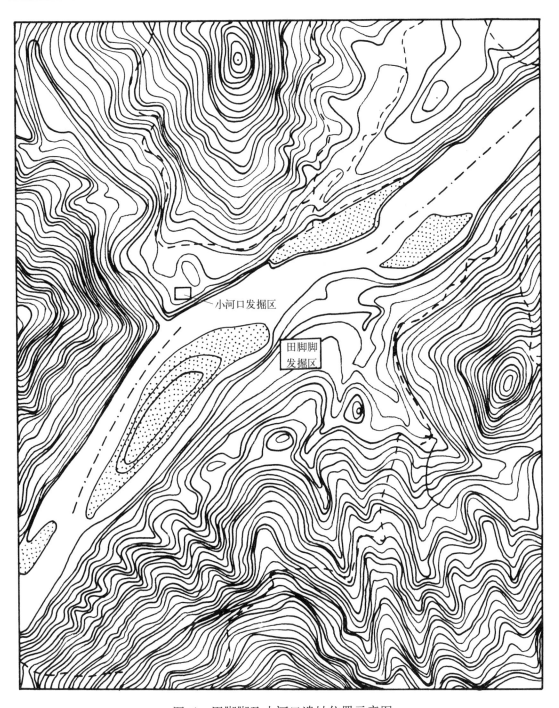

图二 田脚脚及小河口遗址位置示意图

二　工作情况

根据董箐电站的建设在急，于2005年10月至2006年元月，组织省、州（地）、县及中山大学考古专业联合考古发掘队，对电站库区的镇宁县良田乡顶坛村坝包田脚脚遗址和贞丰县者相镇大坪村董箐小河口两处遗址进行了抢救性发掘，历时80余天。

田脚脚遗址：在顶坛村坝包组东南角北盘江畔。面积约4500平方米，共开探方24个，编号为Ｔ1～24，另外在遗址西北角开1×10和1×5米探沟共5条，作为试掘了解遗址西北部文化堆积情况，但没有发现文化遗存。共揭露面积2400平方米，发现房屋遗迹3处，灰坑26个，柱洞254个，灶18个，沟12条，烧土遗迹1处，陶窑1座。

小河口遗址：大坪村董箐组东南约1.5公里处北盘江畔，面积约2000平方米，共开探方12个，编号Ｔ1～10，发现房屋遗迹3处，灰坑11个，柱洞15个，灶4个，沟3条，墓葬2座。

两处遗址共布探方36个，探沟5条，发掘总面积为3415平方米，共揭露出房屋遗迹6座，灰坑37个，柱洞271个，灶22个，沟15条，烧土遗迹1处，陶窑1座，墓葬2座。出土遗物中，以陶器最多，陶器残件万余片。完整及可辨认器形的有788余件，另有磨制石器30件，骨器9件，青铜器105件，铁器104件，各种钱币12枚，铅器1件，以及大量的螺壳和少数动物骨骸等。

第二编 田脚脚遗址

第一章 地理位置及发掘经过

一 地理位置

田脚脚遗址位于贵州省镇宁苗族布依族自治县良田乡顶坛村坝包村民组西侧约500米处的北盘江中游东岸台地，海拔为375米。东北距良田乡政府所在地约12公里。这一带为喀斯特地形地貌，周围均为石山坡地，该遗址即位于山脚的北盘江东岸的缓坡台地上，距北盘江面高约10米，遗址的西面边缘为北盘江，南面约1公里处为董箐电站坝址。遗址北面有一条小溪沟流入北盘江。遗址南北长约150米，东西宽约30米，总面积约4500平方米。遗址地理坐标为东经105°45′34.10″，北纬25°32′07.35″。

二 发掘经过

2005年4月对董箐电站库区调查时发现，10月至12月，对董箐电站施工区的田脚脚遗址进行抢救性考古发掘（图版二）。本次发掘采用象限法，共开10×10米探方26个，编号为T1～26（图三），探沟5条，即50×1米2条，30×1米、20×1米、10×1米各1条。实际发掘24个方，发掘总面积为2560平方米。遗迹有房基、灰坑、柱洞、沟、灶、陶窑等。在文化层中出土大量遗物，有石器、骨器、陶器、铜器、铁器等。现将发掘情况报告如下。

三 地层堆积

由于田脚脚遗址靠近江岸，长期经受江水的冲刷及人工耕种，使遗址近江边受到严重破坏，扰乱严重，遗址东面文化层堆积较薄，西面文化层堆积较厚。现以地层堆积较厚的T2西壁剖面为例介绍如下（图四）。

T2西壁地层堆积：

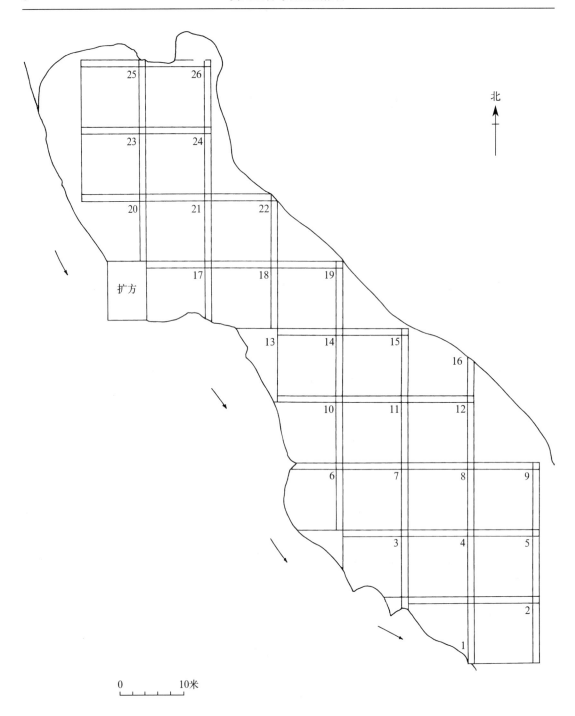

北

0　　　　　10米

图三　田脚脚遗址布方图

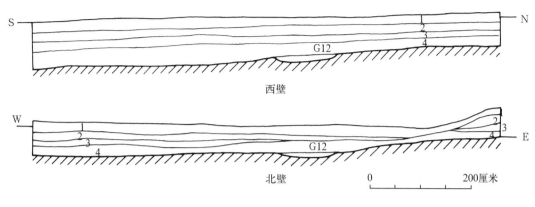

图四　T2地层剖面图

第一层，为农耕土，深10～25厘米，包含物主要为汉代方格纹残陶片及近代瓷片。

第二层，为灰色土，土质紧密，厚5～20厘米，包含物有少量泥质方格纹陶片、网坠等。

第三层，为灰黄土，土质紧密，厚5～20厘米，包含物有泥质灰陶、灰白陶及红陶方格纹陶片等。

第四层，为黄灰土，土质紧密，厚5～35厘米，包含物有泥质方格纹泥质灰陶、灰白陶及红陶碎陶片及陶网坠、铜镞、铁器等。

第四层以下为原生积层，无文化遗物发现。

各探方主要的文化遗物和遗迹主要集中出土在第③层和第④层。视其文化遗物的总体特点分析，其基本特征是一致的，应属同一性质的文化遗存。但在少数探方的第②层和第③层之间，也发现极少晚期遗存，这可能是晚期居民在此有过短期活动，但从总体看，它不影响遗址整体文化性质。

从文化遗迹来说，房屋3座，编号为F1、F2、F3。F1和F2开口第④层打破生土，F3开口第③层下打破第④层；灰坑26个，开口第③层下打破第④层的有19个，主要发现在T9、11、14、15、16、17、18、19、22、24共10个探方，开口第④层下打破生土的有7个，主要发现于T3、7、8共3个探方；灶18个，开口第③层下打破第④层的有15个，主要发现T4、7、8、12共4个探方；沟12条，开口第③层下打破第④层的有7条，主要发现于T4、8、11、14、15、16、19、22共8个探方，开口第④层下打破生土的有5条，主要发现于T2、7、8共3个探方；柱洞256个，其中开口第③层下打破第④层的有124个，主要发现在T2、5、9、10、11、14、16、19共8个探方，开口第④层下打破生土的有132个，主要发现于T2、3、4、6、7、8、14、15、17共9个探方。

第二章　文化遗迹

田脚脚遗址遗迹有房屋、柱洞、沟、灰坑、灶、烧土、陶窑等，分别开口于第3层下打破第4层和开口第4层下打破生土。

一　房屋遗迹

田脚脚遗址共发现房屋遗迹3座，编号为2005ZT F1～F3。F3开口第③层下，F1及F2开口第④层下，这些房子皆在平地上起建，这些房屋平面形状分为长方形、方形和半圆形三类，均为单开间。这三幢房址的保存都不好，居住面不平整，房址四周无基槽，现只残存墙基下的房屋柱洞遗迹。现分别叙述如下：

F1

处于T14中东部，开口第④层下，打破生土。房址平面略呈长方形，由10个柱洞排列组成，方向98°。房屋南北长5.45米，东西宽3.9～4.2米，面积22平方米（图五）。室内地面高低不平且稍有坡度，室内为黄褐土，土质较紧密、较硬。

该房址为地面建筑，无基槽。柱洞间距不等，柱洞大小不等，深浅不一，柱洞多为圆形直壁平底，少部分为斜壁内收，如D5、D6、D8、D9。口径40～62厘米不等，柱洞D1、D2、D3、D4、D7、D10口径16～30厘米左右，深16～44厘米不等，一般10～30厘米。绝大多数填灰褐土，内夹红烧土颗粒及炭屑和夹砂绳纹褐陶、泥质方格纹灰陶，土质较松软，柱洞尺寸详见表（表1）。

表1　田脚脚遗址F1房屋柱洞统计表　　　　　　　单位:厘米

编号	柱洞直径	柱洞深度	填土
1	26	24	灰褐土
2	22	12	灰褐土
3	22	14	灰褐土
4	28	22	灰褐土
5	40	14	灰褐土
6	40	46	灰褐土
7	28	24	灰褐土
8	42	42	灰褐土
9	62	44	灰褐土
10	16	16	灰褐土

　　根据柱洞的排列情况推测东壁中部在Ｄ２、Ｄ３之间应为门道，门宽约1米，门为东西向。西壁中部在Ｄ７、Ｄ８之间应为门道进入室内，门宽约1.1米，门为东西向，方向为90°。

　　Ｆ２

　　位于Ｔ15中部，开口第④层下，打破生土，房屋平面略呈正方形，由8个柱洞排列组成，方向116°。南北长4.55米，东西宽4.25～4.40米，面积19.71平方米（图六；图版三，1）。

　　根据柱洞的排列情况推测南墙东南角Ｄ５、Ｄ６之间应为门道，门道宽1.25米，方向为南北向116°。北壁东北角Ｄ２、Ｄ３之间应为门道，门道宽1.55米，门为南向。室内地面平整，填土为黄褐土，土质较紧密、较硬，含有泥质夹砂陶罐残件。

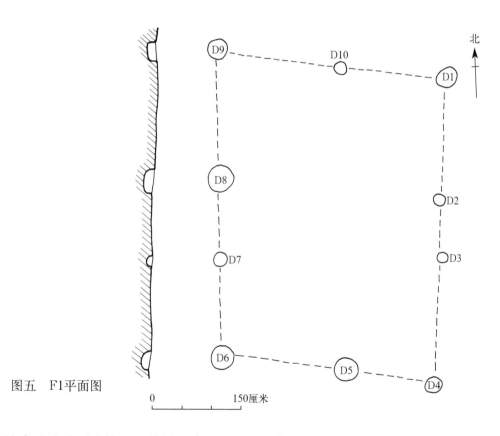

图五　Ｆ１平面图

0　　　　　　　150厘米

　　该房址为地面建筑，无基槽，房址四周柱洞间距基本相等，柱洞大小基本一致，深浅不一，柱洞为圆形直壁平底，如Ｄ４、Ｄ６、Ｄ８。口径25～30厘米，Ｄ１、Ｄ２、Ｄ３、Ｄ５、Ｄ７等均在20厘米左右。深12～37厘米不等，柱洞间距1.7～2.1米。洞内填土多为灰褐土、红烧土颗粒，少数洞内出土有少量泥质方格纹灰陶片。柱洞尺寸详见表（表2）。

表2　田脚脚遗址F2柱洞统计表　　　　　　　　　单位：厘米

编号	柱洞直径	柱洞深度	填土
1	23	12	灰褐土及炭屑
2	20	13	灰褐土及炭屑
3	20	15	灰褐土及炭屑
4	30	30	灰褐土及炭屑
5	20	37	灰褐土及炭屑
6	25	30	灰褐土及炭屑
7	24	18	灰褐土及炭屑
8	29	12	灰褐土及炭屑

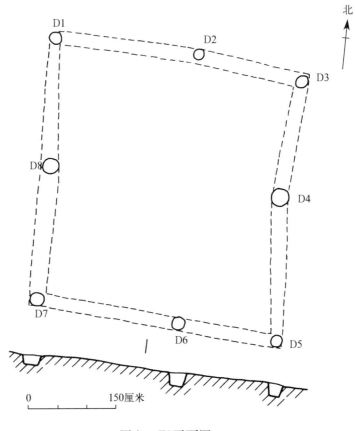

图六　F2平面图

F 3

位于 T 10 西部，开口第③层下，打破第④层，房址平面应为圆形，其中一半被破坏，故本次发掘的平面似为半圆形，由 12 个柱洞排列成半圆形，东西向 105°，南北最大直径 8.88 米，东西最大半径 2.64 米，现存面积约 11.73 平方米（图七）。屋内地面堆积为灰褐土，以及少量红烧土颗粒和炭屑，土质较紧。堆积中未发现完整的遗物。仅在居住面、柱洞内发现少量夹砂灰褐色和泥质灰陶残片。

该房址为地面建筑。无基槽，柱洞大小不一，深浅不等，即 D 1、D 2、D 3、D 4、D 5、D 6、D 7、D 8、D 9、D 10、D 11、D 12 等柱洞其间距不等，形状多为圆形，直壁平底，少数为椭圆形斜壁圆底。口径最小的 16 厘米，深 10 厘米，最大直径 30 厘米，最深 28 厘米。根据柱洞排列情况分析推侧，D 5 和 D 6 应为南、北两个门柱，门道地面较平，门道南北宽约 120 厘米左右。柱洞尺寸详见表（表 3）。

表 3　田脚脚遗址 F3 柱洞统计表　　　　　　　　　　单位：厘米

编号	柱洞直径	柱洞深度	填土
1	19	16	灰褐土
2	28	16	灰褐土
3	18	28	灰褐土
4	16	13	灰褐土
5	16	18	灰褐土
6	16	16	灰褐土
7	18	14	灰褐土
8	24	13	灰褐土
9	25	22	灰褐土
10	30	15	灰褐土
11	18	13	灰褐土
12	17	10	灰褐土

二　柱　洞

田脚脚遗址共发现柱洞 254 个。均发现在第③和第④层下。

第③层发现 112 个，开口于第③层下，打破第④层，这些柱洞平面口径大小不一，深浅不等，少数柱洞最深达 50 厘米以上，最浅的柱洞只有 5～10 厘米。根据平面形状可分为圆形、椭圆形及近似圆形三种。其中圆形柱洞 42 个，占总数的 37.5%；近似圆形的 20 个，占总数的 17.86%；椭圆形的 50 个，占总数的 44.65%。柱洞深度在 20 厘米以下的 77 个，占总数的 68.75%；深度在 20～30 厘米的有 28 个，占总数的 25%；深度在 30 厘米以上有 7 个，占总数的 6.25%。柱洞平面口径在 10～20 厘米的有 25

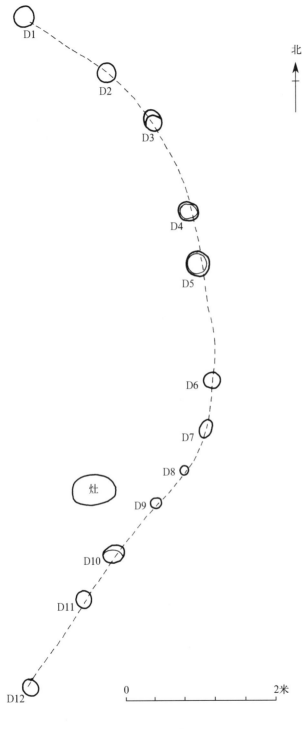

图七　F3平面图

个，占总数的22.33％；口径在20～30厘米的有63个，占总数的56.25％；口径在30～40厘米的有20个，占总数的17.86％；口径在40厘米以上的有4个，占总数的3.58％。

第④层发现柱洞142个，开口第四层下，打破生土，这些柱洞平面口径大小不一，深浅不等，极少数柱洞深度达50厘米，最浅的在15厘米左右。柱洞口径在10～20厘米的较少，口径在40厘米以上者极少。根据洞口平面形状，可分为圆形、近似圆形和椭圆形三种，近似圆形的较少，多数为圆形和椭圆形，其中圆形柱洞56个，占总数的39.44％；近似圆形的9个，占总数的6.34％；椭圆形柱洞77个，占总数的54.23％。柱洞平面口径在10～20厘米之间的有30个，占总数的21.13％；口径在20～30厘米之间的有83个，占总数的58.45％；口径在30～40厘米之间的有25个，占总数的17.61％；口径在40厘米以上的有4个，占总数的2.82％。柱洞深度在

10～20厘米的有87个,占总数的61.27％;深度在20～30厘米的有33个,占总数的23.24％;深度在30厘米以上的有22个,占总数的15.5％。柱洞多为斜壁、平底,斜壁、圜底,但也有直壁圜底及直壁平底和个别柱洞为斜壁尖底,少数底部垫有石块。洞内填土多为灰褐色,土质较紧密,包含有红烧土颗粒及炭屑,出土遗物除少数柱洞出有少数夹砂绳纹灰褐陶及泥质方格纹灰陶外均未发现其他遗物。现按地层早晚分别介绍如下:

第③层发现的112柱洞,主要分布在T2、T5、T9、T10、T11、T14、T16、T19这8个探方,均开口于第③层下打破第④层。

T2发现柱洞18个,其中圆形8个,口径大小不一,深浅不等,均为斜壁、平底,柱洞口径在20～30厘米之间,深度在20～30厘米。椭圆形10个,口大于底,深浅不等,均为斜壁、平底。柱洞口径在30～34厘米,底径23～28厘米,深30厘米。洞内填土有黄灰花土和灰褐色两种,土质松紧不一,洞内包含有少量红烧土颗粒及炭屑。出土遗物有少数夹砂灰褐陶及泥质方格纹灰陶残片。

T5发现柱洞16个。深浅不等,大小不一,其中圆形的5个,口径大小不一,深浅不等,均为斜壁、平底,柱洞口径在20～30厘米之间,深度在20厘米以内。椭圆形的11个。口径大小不一,深浅不等,均为直壁、平底,口径20～34厘米,深20～30厘米。该方柱洞填土为灰褐色,土质紧密,包含有炭屑及红烧土颗粒。

T9发现柱洞10个。深浅不等,大小不一,形状分为圆形及椭圆形两种。圆形的有7个,口径大小不一,深浅不等,均为斜壁平底,柱洞口径均在20～30厘米。深度在20厘米以内的2个,20～30厘米的4个,30厘米以上者4个。椭圆形的3个,口径大小不一,深浅不等。柱洞为直壁、平底。柱洞最小口径20厘米,最大口径30厘米,最深50厘米,最浅15厘米。洞内填土分为灰褐色和灰色土两种,灰褐色土质较紧密,灰色土质较松软,包含有草木灰、炭屑及红烧土颗粒。

T10发现柱洞33个。深浅不等,大小不一,形状分为圆形及椭圆形两种。圆形的19个,斜壁平底,柱洞口径均在10～30厘米之间,柱洞深度均在20厘米以内。椭圆形的14个,柱洞分为直壁、平底和斜壁、近似平底两种。口径在20～30厘米13个,30～40厘米1个。该方洞内填土分为灰褐色和灰色土两种,土质较松软,包含有草木灰、炭屑及红烧土颗粒。

T11发现柱洞15个。平面形状均为不规则圆形,口径大小及柱洞深浅不一,柱洞口径在20厘米以下的有8个,20～30厘米的1个,30厘米以上的6个。深度在20厘米以下的有14个,50厘米以上的1个。洞内填土均为灰褐色,土质较松软,包含有红烧土颗粒及炭屑,出土物只有少量泥质灰方格纹灰陶罐残片。

T14发现柱洞12个。椭圆形,口径大小不一,深浅不等,斜壁、平底,直壁、平底。柱洞口径15～20厘米之间的8个，20～30厘米之间的4个。深度均在20厘米以下。洞内填土分为灰褐色和灰色土两种，土质较松软，包含有草木灰、炭屑及红烧土颗粒。

T16发现柱洞5个。均分布于探方中部，平面形状呈不规则圆形，斜壁，圜底，柱洞口径15～20厘米的2个，20～30厘米的3个，深度在20厘米以内的4个，30厘米的1个。洞内填土为灰褐土，土质较松软，包含有草木灰、炭屑及红烧土颗粒。

T19发现柱洞3个。平面形状呈圆形，斜壁、平底。D1洞口直径33厘米，深55厘米。D2洞口直径40厘米，深40厘米。D3洞口径35厘米，深15厘米。洞内填土为褐色土，包含有炭屑及红烧土颗粒，出土物有泥质灰陶罐残片。

第④层发现的142个柱洞，主要分布于T2、T3、T4、T6、T7、T8、T14、T15、T17共9个探方。均开口第④层下打破生土。

T2发现柱洞13个。根据平面形状可分为圆形和椭圆形两种，其中圆形8个。口大底小，斜壁、平底。柱洞口径15厘米的1个，20～30厘米的7个。底径24厘米，深度在20厘米以内的5个，20～30厘米的3个。椭圆形5个，口大底小，均为斜壁、平底。口径在20～30厘米的5个，深度20厘米以内的3个，30厘米的1个，50厘米以上的1个。洞内填土为黄灰花土，土质紧密，夹杂红烧土颗粒及炭屑。

T3发现柱洞20个。根据平面形状可分为圆形和椭圆形两种，其中圆形的12个，D3位于T3东南部，打破G13，平面形状呈圆形，斜壁、平底。柱洞口直径16～40厘米，底径13～34厘米，深16厘米。洞内填土为黄灰花土，土质紧密，夹杂红烧土颗粒及炭屑。椭圆形的8个。斜壁，平底，柱洞口径20～22厘米，底径12～14厘米，深14厘米。洞内填土为青灰色，土质紧密，夹杂有炭屑及红烧土颗粒。

T4发现柱洞25个。根据平面形状可分为圆形、近似圆形及椭圆形三种。其中圆形及近似圆形的9个。均斜壁，圜底。柱洞口径均在20厘米以内，深度在20厘米以内。椭圆形16个。柱洞直径大小和深浅不等，最大口径29厘米，最小口径5厘米。口径在10～20厘米的7个，20～30厘米的6个，30厘米以上的3个，柱洞深度，最深者24厘米，最浅者5厘米。洞内填土分为黄褐色及灰褐色，土质松软，包含有草木灰红烧土颗粒等。

T6发现柱洞16个。深浅不等，大小不一，根据平面形状分为圆形及椭圆形两种，其中圆形的3个，斜壁，平底，柱洞口径均在20～30厘米以内，深度均在20厘米以内，洞内填土为灰褐色，土质紧密，包含有炭屑及红烧土颗粒。椭圆形的13个。均为直壁，平底，柱洞最大口径51厘米，最小口径20厘米。口径20～30厘米的9个，30～40厘米的3个。深度在20厘米以内的8个，20～30厘米的5个。洞内填土为灰褐色，土质紧密，包含有炭屑及红烧土颗粒。

T7发现柱洞31个。深浅不等，大小不一，其中D31被G4打破。根据平面形状分为圆形及椭圆形两种，其中圆形的9个，斜壁，平底，口径均在10～20厘米之间。深度在20厘米以内的7个，20～30厘米的1个，30厘米以上的仅1个。椭圆形的22个。柱洞分为直壁、平底，直壁、斜底，斜壁、平底，斜壁、圜底及二层台等。直壁平底的有16个，直壁斜底的有4个，斜壁平底的有2个。D1、D19、D2为斜壁圜底，D15有二层台。最大口径45厘米，最小口径12厘米，口径在20～30厘米的有7个，30～40厘米的有15个，最深65厘米，最浅7厘米。深度在20厘米以内的13个，20～30厘米的3个，30厘米以上的有3个，50厘米以上的3个，洞内填土分为灰褐色和黄灰土两种，灰褐色土质较松软，黄灰色土质较紧密，包含有炭屑及红烧土颗粒。

　　T8发现柱洞15个。深浅不等，大小不一，根据平面形状分为圆形及椭圆形两种，圆形的有4个，其中3个有二层台。口径均在15～30厘米之间，深度均在20厘米以下。椭圆形的有11个。柱洞分为直壁平底、斜壁平底等。柱洞最大口径35厘米，最小口径20厘米，口径在20～30厘米的有9个，30～40厘米的有2个。最深45厘米，最浅15厘米，深度在20厘米以下的有3个，30～40厘米的有7个，40厘米以上的仅1个。洞内填土分为灰褐色和黄灰土两种，灰褐色土质较松软，黄灰色土质较紧密，包含有草木灰、炭屑及红烧土颗粒。

　　T14发现柱洞10个。均直壁平底，根据平面形状可分为不规则圆形、圆形和椭圆形三种。其中不规则圆形1个（D6），柱洞口径40厘米，深44厘米。圆形7个，柱洞口径10～20厘米的4个，20～40厘米的有2个，40厘米以上的仅1个。椭圆形2个，口大底小，斜壁，平底，柱洞口径40～60厘米，深10～44厘米。洞内填土分为灰褐色和灰色土两种，土质较松软，包含有草木灰、炭屑及红烧土颗粒，出土遗物有少量泥质方格纹灰陶及夹砂灰褐色陶。

　　T15发现柱洞8个。平面形状均为圆形，直壁平底。柱洞口径20厘米的5个，20～30厘米的3个。深度在20厘米以下的有5个，30厘米以上的有3个。洞内填土均为灰褐色，土质较松，紧密，包含物有少量红烧土颗粒及炭屑，出土物有少量泥质方格纹灰褐陶罐残片。

　　T17发现柱洞4个。平面形状呈不规则圆形，D1及D2、D4为斜壁平底，D3为斜壁尖底。柱洞口径32～36厘米，D1及D3深30厘米，D2深38厘米，D4深40厘米。洞内填土为米黄色，土质较松软，洞内包含有草木灰、炭屑及红烧土颗粒，出土物有残铁环。

三 灰 坑

　　田脚脚遗址共发现灰坑26个（表四）。均分布在第③层和第④层。圆形灰坑8个，占总数的30.76%。不规则圆形，不规则椭圆形的灰坑13个，占总数的50%。椭圆形灰坑有4个，占总数的15.39%。"8"字形的有1个，占总数的3.85%。灰坑口径大小不等，坑口直径在100厘米以内的有9个，占总数的34.6%。坑口直径在100～200厘米的有8个，占总数的30.8%。最大径超过200厘米以上的共9个，占总数的34.6%。坑壁绝大多数为斜壁圆底，平底较少。灰坑深浅不一，深度在8～20厘米的共8个，占总数的30.77%。深度在20～40厘米的共8个，占总数的30.77%，深度在40～60厘米的共6个，占总数的23.08%。深度在60厘米以上的共4个，占总数的15.39%。现以灰坑的坑口形状，分别叙述如下：

表4　田脚脚遗址灰坑(H)统计表　　　　　　　　　　单位：厘米

编号	位置	坑口形状	口径	深度	底	填土
1	T3东北④下	椭圆形	40～60	16	圜底	灰褐土、烧土、炭屑、灰烬
2	T3西北④下	椭圆形	256～464	80	圜底	灰褐土、烧土、炭屑、灰烬
3	T11东侧③下	不规则圆形	105～170	15～20	圜底	灰褐土、烧土、炭屑、灰烬
4	T14东北③下	圆形	40	25～34	平底	灰褐土、烧土、炭屑、灰烬
5	T17东北③下	椭圆形	100～240	50	平底	灰褐土、烧土、炭屑、灰烬
6	T17东北③下	圆形	150	52	平底	灰褐土、烧土、炭屑、灰烬
7	T14西北③下	不规则形	124～195	27～37	平底	灰褐土、烧土、炭屑、灰烬
8	T17中部④下	椭圆形	90～252	58	平底	灰褐土、烧土、炭屑、灰烬
9	T8西北④下	不规则椭圆形	200～250	40	平底	灰褐土、烧土、炭屑、灰烬
10	T15东南③下	不规则圆形	50	32	平底	灰褐土、烧土、炭屑、灰烬
11	T15西③下	不规则圆形	50～60	32	圜底	灰褐土、烧土、炭屑、灰烬
12	T11东部③下	圆形	47～56	11	平底	灰褐土、烧土、炭屑、灰烬
13	T8北部④下	不规则圆形	180～200	40～46	平底	灰褐土、烧土、炭屑、灰烬
14	T11中偏北③下	不规则形	35～55	36	平底	灰褐土、烧土、炭屑、灰烬
15	T10西③下	圆形	40	16	平底	灰褐土、烧土、炭屑、灰烬
16	T7中部④下	不规则形	69～104	10	平底	灰褐土、烧土、炭屑、灰烬
17	T19西北③下	不规则形	152～320	16～22	平底	灰褐土、烧土、炭屑、灰烬
18	T18中部③下	不规则形	172～560	36	圜底	灰褐土、烧土、炭屑、灰烬
19	T22南部③下	圆形	110～146	62	圜底	灰褐土、烧土、炭屑、灰烬
20	T22东南③下	圆形	145	92～95	平底	灰褐土、烧土、炭屑、灰烬
21	T22西南③下	不规则形	170～300	20	圜底	灰褐土、烧土、炭屑、灰烬

22	T16西南③下	不规则形	130～370	8～22	圜底	灰褐土、烧土、炭屑、灰烬
23	T16东南③下	不规则形	204	4～12	圜底	灰褐土、烧土、炭屑、灰烬
24	T9中部③下	"8"字形	通长140、深30、40	30～40	平底	灰褐土、烧土、炭屑、灰烬
25	T22东侧③下	圆形	146	100	平底	灰褐土、烧土、炭屑、灰烬
26	T24北偏西③下	圆形	56	34	平底	灰褐土、烧土、炭屑、灰烬

1．椭圆形灰坑4个。

H1，位于T3东北部，开口第④层下，打破生土，坑口平面形状呈椭圆形，周壁向下内收，圜底。坑内填土灰褐色，土质紧密，包含物有少量红烧土颗粒及炭屑和泥质灰褐陶罐残片。口径40～60厘米，深16厘米（图八）。

H2，位于T3西北部，开口第④层下，打破生土，坑口平面形状呈椭圆形，周壁向下内收，圜底。坑口东北高，西南低，二者垂直高度相差20厘米，坑内填土灰褐色，土质疏松，包含物有较多红烧土颗粒及少量炭屑和泥质方格纹灰陶罐残片。口径256～464厘米，深80厘米（图九）。

H5，位于T17东隔梁下偏北，开口第③层下，打破第④层，坑口东端宽于西端。坑口平面形状呈椭圆形，斜壁，平底。坑内填土为灰褐土，土质较松软。包含有少量红烧土颗粒，出土物有夹砂绳纹灰褐陶，泥质方格纹陶罐残件，泥质网坠及动物骨骸和牙齿。坑口长100～240厘米，深50厘米。

H8，位于T17中部偏南，开口第④层下，打破生土，西壁打破D4。开口距地表80厘米，坑口平面形状呈椭圆形，东壁较直，南、北、西壁为斜坡状，底稍平。坑内填土为灰黄土，土质较松软。

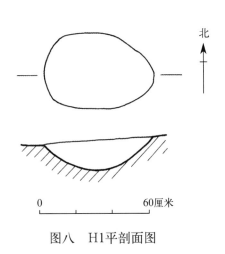

图八　H1平剖面图

包含有少量红烧土颗粒，出土物有夹砂绳纹灰褐陶，泥质方格纹灰陶罐残件及动物骨骸，坑口长90～252厘米，深58厘米（图二○；图版四，2）。

2．不规则形，不规则圆形灰坑13个。

H17，位于T19西北部，开口第③层下，打破第④层及生土。坑口平面形状呈不规则形。口大底小，斜壁，坑壁光滑，圜底。坑内填土为灰褐色土，土质松软，包含有少量红烧土颗粒、草木灰、炭屑、动物骨骸和马下颌骨、螺壳。出土遗物有夹砂

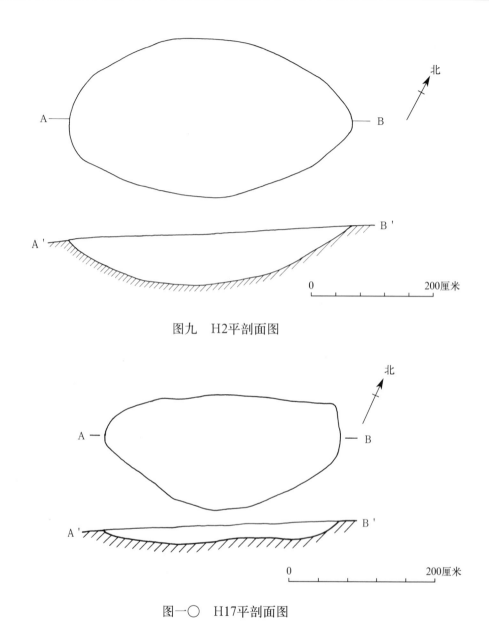

图九　H2平剖面图

图一〇　H17平剖面图

红褐方格纹陶，灰褐绳纹陶及少量泥质灰褐方格纹陶残片，石环，铜器残片，口径长152～320厘米，深16～22厘米。坑口距地表65厘米（图一〇；图版三，2）。

　　H7，位于T14西北部，开口第③层下，打破生土，距地表约52厘米。坑口平面形状呈不规则形，直壁，平底。坑内填土为灰褐色，土质较松软，包含有少量红烧土

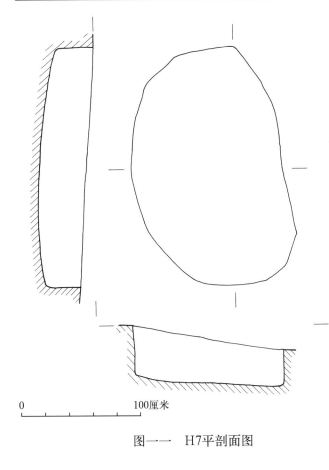

0　　　　　　　　100厘米

图一一　H7平剖面图

颗粒、炭屑。出土有夹砂红褐陶，泥质方格纹灰褐陶罐残件夹砂灰褐陶罐及动物骨骸，铜器残片、铁器残片等，坑口长124~195厘米，深27~37厘米（图一一；图版四，1）。

H9，位于T8西北部，开口第④层下，打破生土。坑口平面形状呈不规则形，口大底略小，斜壁，平底。坑内填土为灰褐土，土质松软，包含有草木灰及炭屑、红烧土颗粒，少量兽骨泥质灰褐色方格纹陶罐残件，口径200~250厘米，深40厘米。

H21，位于T22西南部，开口第③层下，打破第④层及生土。坑口平面形状呈不规则形。口大底小，斜壁，圜底。坑内填土为灰褐色土，土质较硬，包含有少量红烧土颗粒及动物骨骸。出土物有少量泥质灰褐陶，口径170~300厘米，深20厘米（图一二）。

H22，位于T16西南部，开口第③层下，打破第④层及生土，距地表55厘米。坑口平面形状呈不规则形，斜壁，圜底。坑内填土为灰褐土，土质较松软，包含有大量红烧土颗粒、炭屑。红烧土主要分布在中部、西部及南部，厚约5厘米。炭屑主要分布在中部，与红烧土混在一起。出土物有泥质弦纹灰陶、泥质灰褐陶、夹砂灰褐陶及红褐陶，竹块和动物骨骸、牙齿等，口径130~370厘米，深8~22厘米（图一三；图版五，1）。

H16，位于T7中东部，开口第④层下，被Z12打破至生土，距地表70厘米。坑口平面形状呈不规则形。斜壁，底部凹凸不平。灶内及周围为灰褐土，土质疏松，包含有大量草木灰及炭屑和红烧土颗粒，最大直径69~104厘米，深10厘米（图一四）。

H3，位于T11东部，开口第③层下，打破第④层及生土，坑口平面形状呈不规则圆形，西北侧内凹，坑内填土为灰褐土，土质较松软，包含有少量红烧土颗粒、炭屑，出土有残石锛，泥质方格纹灰红陶和少量灰陶及灰褐陶残件，口径105~170厘

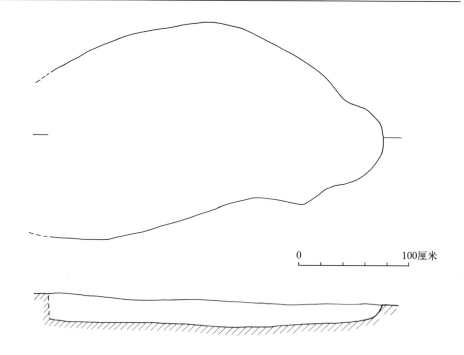

图一二　H21平剖面图

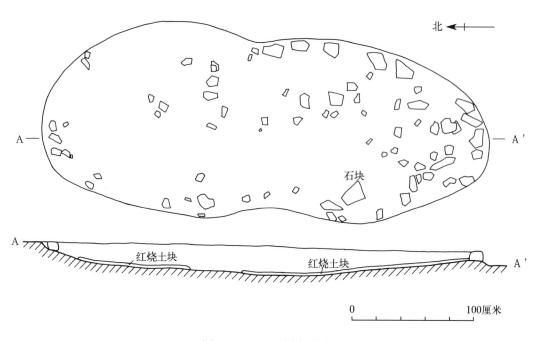

图一三　H22平剖面图

米，底径90～140厘米，深15～20厘米。

H10，位于 T 15东南部，开口第③层下，打破第④层，距地表约65厘米。坑口平面形状呈不规则圆形。斜壁，圜底。坑内填土为灰褐土，土质较硬，包含有少量红烧土颗粒、炭屑，出土有夹砂绳纹褐陶，泥质方格纹灰褐陶罐残件，直径50厘米，深32厘米。

H11，位于 T 15西侧近隔梁中部，开口第③层下，打破第④层。距地表约67厘米。坑口平面形状呈不规则圆形。斜壁，圜底。坑内填土为灰褐土，土质较松软，包含有少量红烧土颗粒、炭屑。口径50～60厘米，深32厘米。

H13，位于 T 8北部，开口第④层下，打破生土。坑口平面形状呈不规则圆形，口大底略小，南高北低。斜壁，平底。坑内填土为黑褐土，土质松软，包含有大量草木灰及炭屑和红烧土颗粒，泥质灰褐色方格纹陶罐残件。口径180～200厘米，深40～46厘米（图一五）。

H23，位于 T 16东南部，开口第③层下，打破第④层及生土。距地表55厘米。坑口平面形状呈不规则形，东端延伸隔梁下，北高南低高差约12厘米。斜壁，平底。

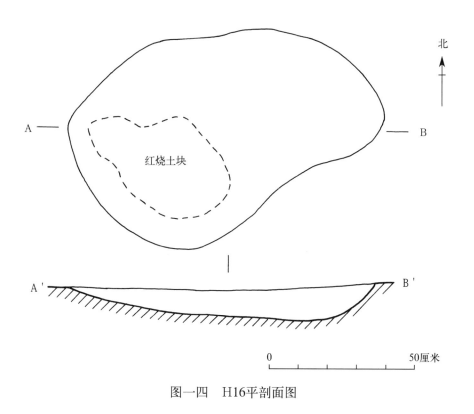

图一四　H16平剖面图

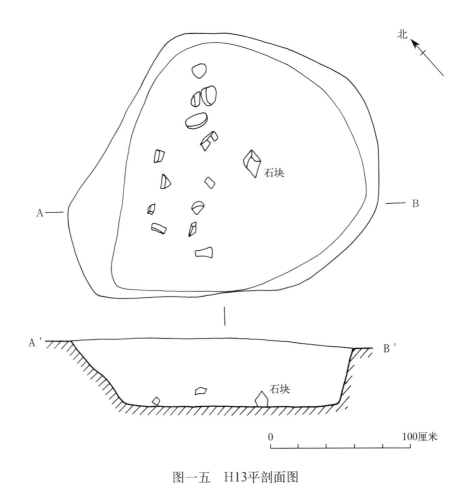

图一五　H13平剖面图

坑内填土为灰褐土，土质较松软，包含有大量红烧土颗粒、炭屑，红烧土主要分布在中部石块上，中部石块排列紧密，似是人工所铺而成。出土物有大量泥质弦纹灰陶、方格纹陶残片及素面褐陶，铜箭镞和动物牙齿等，口径204厘米，底径194厘米，深4~12厘米（图一六）。

　　H18，位于T18中部延伸至东部隔梁，开口第③层下，打破第④层及生土。坑口平面形状呈不规则形。斜壁，圜底，坑内填土为灰褐色土，土质松软，包含有少量红烧土颗粒及炭屑，出土物有夹砂绳纹灰褐陶，夹砂灰褐色叶脉纹陶罐残件，灰褐色泥质方格纹灰陶罐残件及动物骨骸、螺壳等。口径长172~560厘米，深36厘米（图二二）。

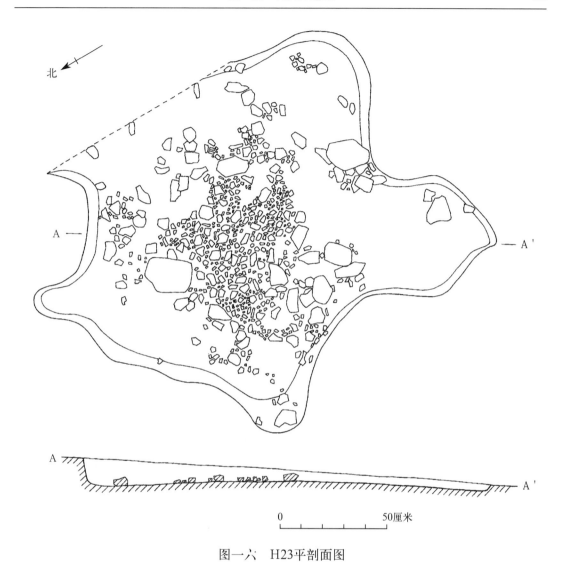

图一六　H23平剖面图

　　H14，位于T11中部偏北，开口第③层下，打破第④层及生土。距地表约37厘米，坑口平面形状呈不规则形，中部内凹。直壁，平底。坑内填土为灰褐土，土质较松软，包含有少量红烧土颗粒、炭屑。出土有夹砂红褐陶，泥质方格纹灰褐陶残件及动物骨骸等，直径35～55厘米，底径25～45厘米，深36厘米（图二三）。

　　3. 圆形灰坑8个。

　　H4，位于T14东北部，开口第③层下，打破第④层及生土，距地表约37厘米。坑口平面形状呈圆形。直壁，平底。坑内填土为灰褐土，土质较松软，包含有少量红烧土颗粒、炭屑，出土有夹砂绳纹褐陶，泥质方格纹灰褐陶罐残件及动物骨骸等，直

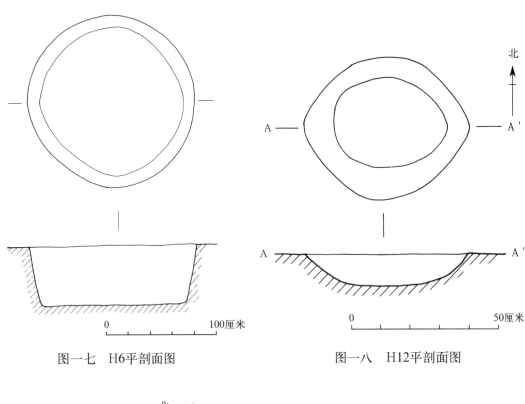

图一七　H6平剖面图

图一八　H12平剖面图

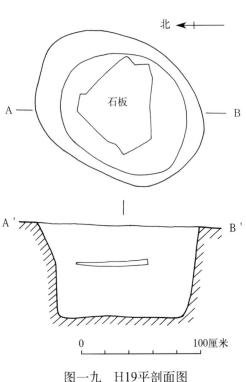

图一九　H19平剖面图

径40厘米，深25～34厘米。

H6，位于T17东部偏北，开口第③层下，打破第④层及第⑤层。开口距地表80厘米，坑口平面形状呈圆形。斜壁，平底。坑内填土为灰褐土，土质较松软，包含有少量红烧土颗粒及少量鹅卵石，出土物有夹砂绳纹灰褐陶，泥质灰陶罐残件及动物骨骸和牙齿，直径150厘米，深52厘米（图一七；图版三，2）。

H12，位于T11东部，开口第③层下，打破第④层及生土。距地表38厘米。坑口平面形状呈圆形，南部略低于北部。斜壁，平底，内填土为灰褐土，土质较松软，包含有少量红烧土颗粒、炭屑，出土有残石锛，泥质方格纹灰褐陶残件，直径47~56厘米，底径30~38厘米，深11厘米（图一八）。

　　H15，位于T10西部，开口第③层下，打破第④层及生土。坑口平面形状呈圆形。底部内凹弧形，斜壁，凹底，坑内填土为灰褐土，土质松软，包含有少量草木灰及炭屑、红烧土颗粒，出土大量动物骨骼，直径40厘米，深16厘米。

　　H19，位于T22南部，开口第③层下，打破第④层及生土。坑口平面形状呈圆形，口大底小，中部有一块平整石板。斜壁，圜底，坑内填土为灰褐色土，土质较硬，包含有少量红烧土颗粒及动物骨骼，出土物有泥质灰褐陶，口径110~146厘米，深62厘米（图一九；图版五，2）。

　　H20，位于T22东南部，开口第③层下，打破第④层及生土，坑口距地表50厘米。西南部被G1打破，坑口平面形状呈圆形，口大底小，斜壁，平底。坑内填土为灰褐色土，土质松软，包含有少量红烧土颗粒，草木灰及炭屑，动物骨骼和少量泥质灰褐陶残片，直径145厘米，底径82~96厘米，深92~95厘米。

　　H26，位于T24北偏西，开口第③层下，打破第④层。坑口平面形状呈圆形，坑南北西端呈斜坡状，东西为直壁，底略平，坑此端被隔梁所压。坑内填土为灰褐色土，土质松软，包含有少量红烧土颗粒，草木灰及炭屑，出土物有少量泥质灰褐陶、红褐陶残件，夹砂灰褐陶罐口沿残件及动物骨骼和牙齿等，口径56厘米，深34厘米（图二一）。

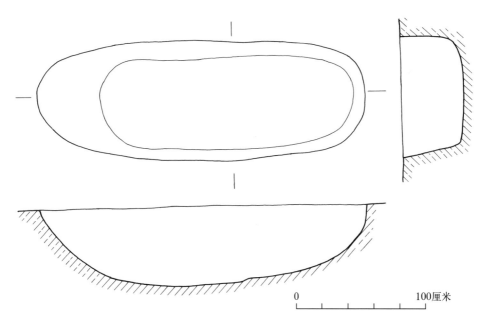

图二〇　H8平剖面图

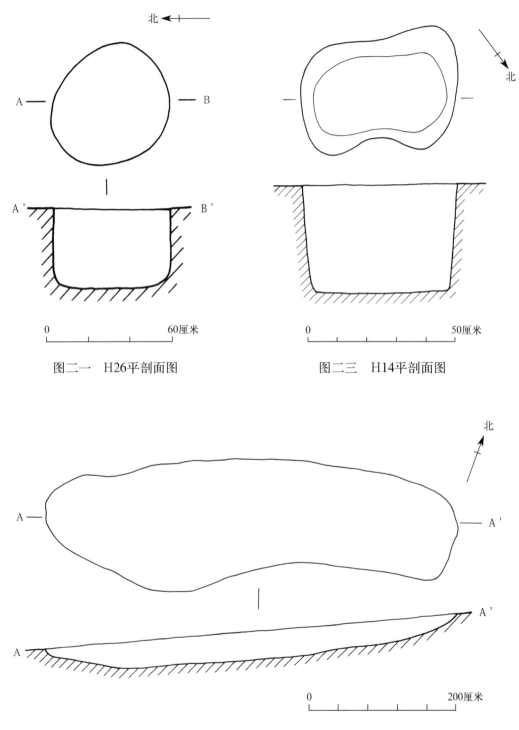

图二一　H26平剖面图

图二三　H14平剖面图

图二二　H18平剖面图

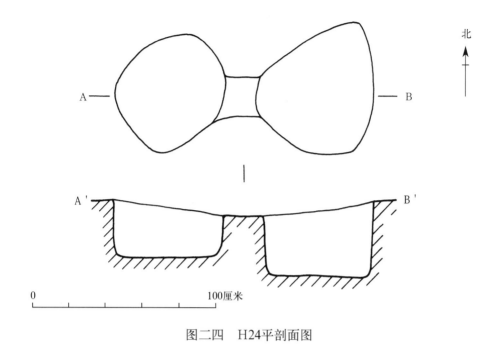

图二四　H24平剖面图

H25，位于T22东部，开口第③层下，打破第④层及G1。坑口平面形状呈圆形，直壁，平底，坑内填土为灰褐色土，土质松软，包含有少量红烧土颗粒，草木灰及炭屑和动物骨骸，直径146厘米，底径144厘米，深100厘米。

4．"8"字形灰坑1个。

H24，位于T9中部，开口第③层下，打破第④层及生土。坑口平面形状为东西两坑相连，呈"8"字形。直壁，平底。坑内填土为灰褐土，土质松软，包含有草木灰及炭屑、红烧土颗粒，少量兽骨。东西直径140厘米、西坑口径60厘米、深30厘米，东坑口径70厘米、深40厘米（图二四；图版六，1）。

四　沟

田脚脚遗址共发现沟12条，形状各异，长短及宽窄不一，深浅不等，开口在第③层下的灰沟7条。其中沟的方向由东北至西南的3条，占42.86％；南北向2条，占28.58％；东南至西北的2条，占28.58％。开口在第④层下有5条，其中东南至西北的1条，占20％；东北至西南3条，占60％；东西向的1条，占20％，大多略微弯曲，沟深度多在10～30厘米之间，也有少数沟的其中一段较深，可达50～90厘米，这也是最深的沟。沟壁略向内倾斜，沟底可分为平底和圜底及凹凸不平三种。现分别介绍如下(表5)。

表5　田脚脚遗址沟(G)统计表　　　　　　　　单位：厘米

序号	位置	长度	宽度	深度	形状	填土及包含物
1	T22及T19③下	512	25	10	长条，斜壁、圆底	灰褐土
2	T7、T8等③下	2550	100～200	20～50	长条形，平底	黑褐土、红烧土颗粒、夹砂及泥质陶残片
3	T4③下，向北延伸T8和T7及T9	1645	100	20～30	长条形，斜壁、平底	灰褐土、炭屑、红烧土颗粒、夹砂及泥质陶残片
4	T7及T6③下	1150	80～230	20～90	长条形	灰褐土、红烧土颗粒、夹砂及泥质陶残片、铁刀
5	T11③下延伸T27东部	016	60～108	16～24	长条弧形	灰褐土
6	T19③下北部延伸T18③下	960	72～160	12～24	不规则长方形，斜壁、弧形底	灰褐土、烧土颗粒、炭屑、夹砂及泥质陶残片、网坠、顶钉、骨器
7	T8④下	635	25	150～200	长条形，与G8、G9相连	灰褐土、烧土颗粒、炭屑、兽骨、泥质陶残片
8	T8④下	800	70～100	20～30	长条形、与G3相连	黑褐土、红烧土颗粒、泥质陶残片
9	T8④下东与G7西与T4G3相连	965	65～130	15	长条形、与G7相连	黑褐土、兽骨、泥质陶残片、炭屑
10	T22③下向南延伸T19东北	2780	40	10	不规则长方形	灰褐土、灰黑土
11	T2④下	685	100～120	10～20	长条形	灰褐土、烧土颗粒、炭屑
12	T2④下	630	80～120	10～15	长条形	灰褐土、烧土颗粒、炭屑

G1

位于T22东南部，延伸T19东北部，开口第③层下打破H27及第④层，北端被H32打破。平面形状呈长条形，斜壁，圆底，沟内填土为灰褐色及灰黑色，土质松软，包含有草木灰、红烧土颗粒、炭屑。残长512厘米，宽25厘米，深10厘米（图二五）。

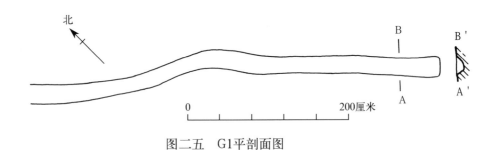

北

B　B'

A　A'

0　　　　　　　　200厘米

图二五　G1平剖面图

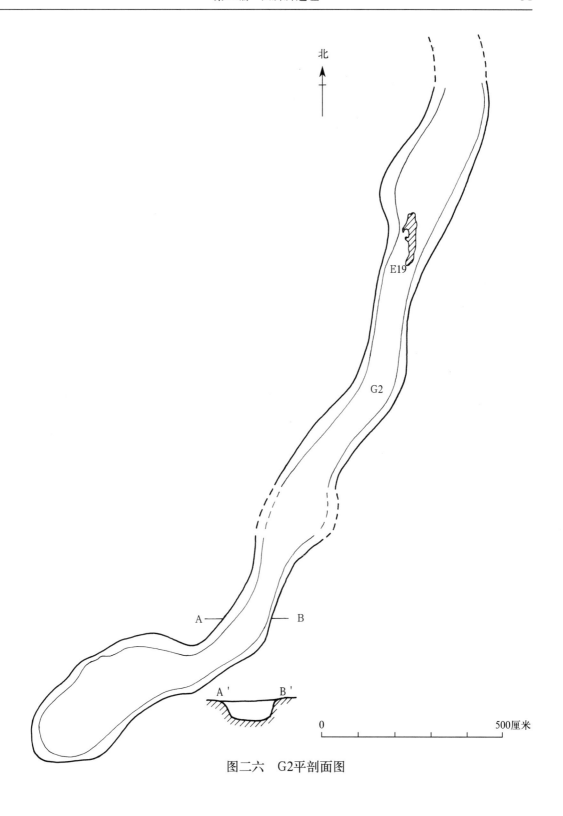

图二六　G2平剖面图

G2

位于T7、T8、T12、T16四个探方，开口第③层下打破第④层。沟由东北向西南延伸，由T16经T12、T8到T7止。平面形状呈长条形，宽窄不等，斜壁，平底。北端与H23相连，北侧沟底被Z19打破。沟内填土为黑褐色，土质松软。包含有草木灰、红烧土颗粒、炭屑、少量夹砂褐陶和红陶及泥质红褐方格纹陶罐和弦纹灰陶残件等，以及兽牙和兽骨。残长2550厘米，宽100~200厘米，深20~50厘米（图二六；图版八，2）。

G3

位于T4西部，开口第③层下，打破第④层及生土。平面形状呈长条形，走向由西北至东南，北端延伸至T8的西南角和T7的东隔梁下，与G8、G9、G7相通，直通北盘江，南端延伸到T1内（未发掘）。直壁，平底。沟内为黑褐色土，土质松软。包含物有红烧土、草木灰、兽骨、泥质方格纹白陶及红陶等。残长1645厘米，宽100厘米，深20~30厘米（图二七；图版九）。

G4

位于T7中西部，开口第③层下打破D31及生土。沟东南向西北延伸，经T6东北部延伸到T7探方的西北角邻方隔梁下。形状呈长条形。斜壁，底部起伏不平，东南高，西北低，最大高差60厘米。沟内填土为青灰色和黄褐色土及灰褐土，土质结构松紧不一，包含有红烧土颗粒及炭屑，夹砂褐陶及泥质红褐方格纹陶罐和灰褐色陶片、

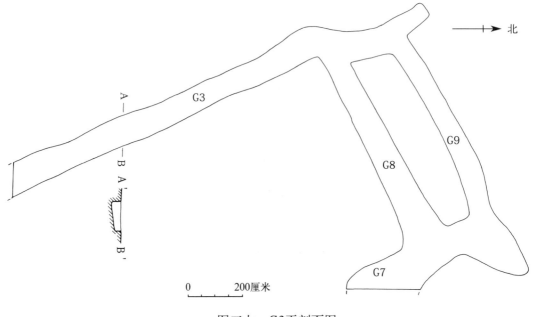

图二七　G3平剖面图

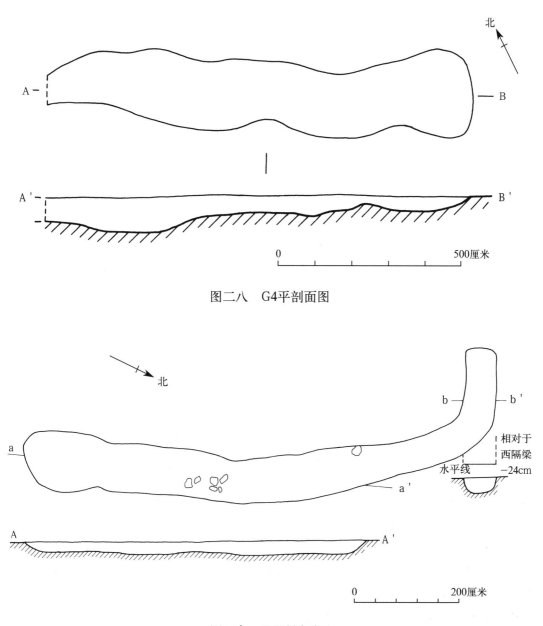

图二八　G4平剖面图

图二九　G5平剖面图

铁刀等。长1150厘米，宽80～230厘米，深20～90厘米（图二八）。

G5

位于T11中部偏东，开口第③层下打破第④层。形状呈长条弧形，由南向北延伸，北端向西拐，北高南低，高差为6厘米。斜壁，平底。沟内填土为灰褐色及灰黑

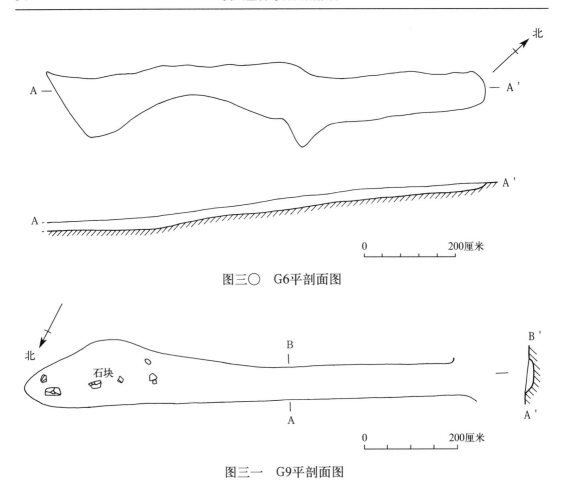

图三〇　G6平剖面图

图三一　G9平剖面图

色，土质松软，包含有草木灰、红烧土颗粒、炭屑、少量兽骨等。长1016厘米，宽60～108厘米，深16～24厘米（图二九）。

G6

位于T19北部，开口第③层下打破第④层，由西南向东北延伸，北端向西隔梁延伸至T18东南角，南端出口至北盘江。平面形状呈不规则长方形，斜壁，弧形底，出口至北盘江，内填土为灰褐色，土质较硬。包含有草木灰、红烧土颗粒、炭屑，出土遗物有动物骨骸及夹砂陶和泥质陶，夹砂绳纹红褐陶，方格纹陶残片，泥质陶有弦纹灰褐陶及方格纹灰褐陶，戳印纹陶，网坠，铜顶针，骨铲等。长960厘米，宽72～160厘米，深12～24厘米（图三〇）。

G7

位于T8东部，开口第④层下打破生土。沟由东南向西北延伸，东部延伸到东隔梁下，中部及北部与G8及G9相连，形状呈长条形，斜壁，平底。沟内填土为灰褐土，土质结构松软，包含有红烧土颗粒、炭屑及少量兽骨、夹砂褐陶及泥质红褐方格纹陶罐和灰褐色陶片等。该方内长635厘米，宽150～200厘米，深25厘米。

G8

位于T8中部，开口第④层下打破生土。沟由东北向西南延伸，东接G7，西边与G3相通，形状呈长条形。斜壁，平底。沟内填土为黑褐色，土质松软，包含有草木灰、红烧土颗粒、炭屑、少量兽骨和夹砂褐陶及泥质红褐色方格纹陶和灰褐色陶残片等。该方内长800厘米，宽70～100厘米，深20～30厘米。

G9

位于T8中部偏北，开口第④层下打破生土。沟由东北向西南延伸，东接G7，西边与G3相通。形状呈长条形，斜壁，平底。沟内填土为黑褐色，土质松软，包含有草木灰、红烧土颗粒、炭屑、少量兽骨和夹砂褐陶及泥质红褐色方格纹陶和灰褐色陶残片等。残长965厘米，宽65～130厘米，深15厘米（图三一）。

G10

位于T22东南部延伸至T19东北部，开口第③层下打破第④层及生土，形状为

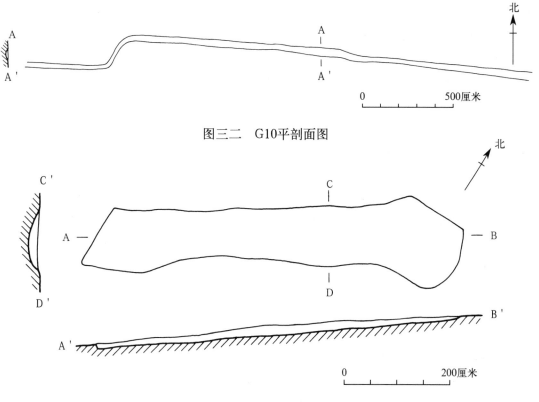

图三二　G10平剖面图

图三三　G11平剖面图

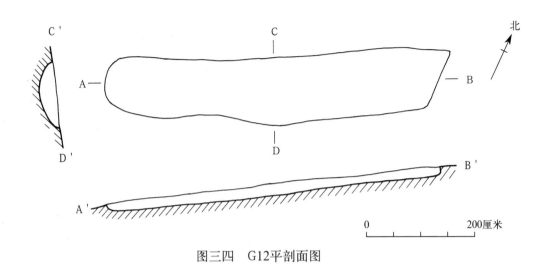

图三四　G12平剖面图

不规则长方形，斜壁，平底。沟内填土灰褐色及灰黑色，土质松软，包含有草木灰、红烧土颗粒、炭屑、少量兽骨，夹砂灰陶，泥质方格纹红褐陶、灰褐陶等。长2780厘米，宽40厘米，深10厘米（图三二）。

G11

位于T2西北部，开口第④层下，打破生土，由东向西延伸，东端局部被北隔梁所压，西端伸入西隔梁下，口部东高西低.形状呈长条形，壁弧状内收，底部东高西底，凸凹不平。沟内为灰褐色土，土质紧密，包含物有红烧土颗粒、炭屑等。沟长685厘米，宽100～120厘米，深10～20厘米（图三三）。

G12

位于T2东南部，开口第④层下，打破生土，东端延伸到东隔梁下，西端向西南延伸。东高西低，形状呈长条形，壁弧形内收，底东高西低，起伏不平。沟内填土为灰褐色，土质紧密，包含有红烧土颗粒及炭屑。长630厘米，宽80～120厘米，深10～15厘米（图三四）。

五　灶

田脚脚遗址共发现灶18个。分布在第③、④层，其中分布在第③层的15个，第④层的3个。形状各异。大小不等。其结构分为石砌和泥筑两类，视其残存平面形状，可分为圆形、半圆形、椭圆形、三角形、方形、"八"字形、"U"字形。现按形状介绍如下（表6）：

Z1，位于T7中部偏西，开口第③层下，打破④层。由红烧土块和一石块砌成。形状近似圆形，灶门朝南，灶内及周围为灰褐土，土质疏松，包含有大量草木灰及炭屑和少量红烧土颗粒。最大直径30厘米，深5～6厘米（图三五；图版六，2）。

Z2，位于T7东南角，开口第③层下，打破④层。由3块红烧土构成，形状近似椭圆形，灶门朝西南。灶内及周围为红褐土，土质疏松，包含有大量草木灰及炭屑和红烧土颗粒。最大直径45～59厘米，深20～23厘米（图三六）。

Z3，位于T8西南部，开口第③层下，打破第④层。由4块石头砌成，形状近似椭圆形，灶门朝东。灶内堆积为灰褐土，土质疏松，包含有大量草木灰、炭屑和红烧土颗粒及兽骨。南北直径25厘米，东西宽15厘米，深7～9厘米，灰坑内红烧土堆积厚7～9厘米（图三七）。

Z4，位于T8西南部，开口第③层下，打破第④层。由4块石头砌成，形状近似方形，灶门朝东，平底。灶内堆积为黄灰土，土质紧密，包含有少量草木灰、炭屑和红烧土颗粒，南北直径34厘米，东西宽35厘米，深10厘米(图三八；图版七，1)。

Z5，位于T4中南部，开口第③层下，打破第④层及生土。上部用石块砌成，形状呈不规则形，底部直径28～30厘米，石高4～15厘米，底部椭圆形，坑斜壁，平底，底部及周围为灰褐土，土质紧密，包含有炭屑和红烧土，深2～4厘米（图三九）。

Z6，位于T14中部偏西，开口第③层下，打破④层及生土。形状呈不规则圆形，坑壁用石块砌成"U"字形，斜壁圜底，底部及西侧有一层堆积厚约0.5～1厘米红烧土。灶内堆积为炭屑及红烧土，土质松软，灶宽15～35厘米，深约6～16厘米。

Z7，位于T8西南部，开口第③层下，打破第④层。由4块石头砌成。形状不规则，灶门朝东。灶内堆积为灰土，土质松软，包含有少量草木灰、炭屑和红烧土颗粒。南北直径28厘米，东西宽34厘米，高8～10厘米（图四〇）。

Z8，位T4西北部，开口第③层下，打破第④层及生土。上部用石块砌成，已坍塌，平面形状近似三角形，底部椭圆形，斜壁圜底。底部及周围为灰褐土，土质较硬，包含有草木灰、炭屑和红烧土颗粒。石块残高9～12厘米，坑深3～7厘米，底部直径37～40厘米（图四一；图版七，2）。

Z9，位于T8东南角，开口第④层下，打破生土。用3块石块砌成，形状呈三角形，已坍塌，直壁，平底。Z9与Z10相距10厘米，两灶之间有大量红烧土堆积，南北宽25厘米，东西长30厘米，厚2～3厘米。灶内填土为灰褐土及红烧土，烧土厚4厘米，土质松软。包含有草木灰及炭屑、红烧土颗粒。灶宽25～50厘米，残高12厘米（图四二）。

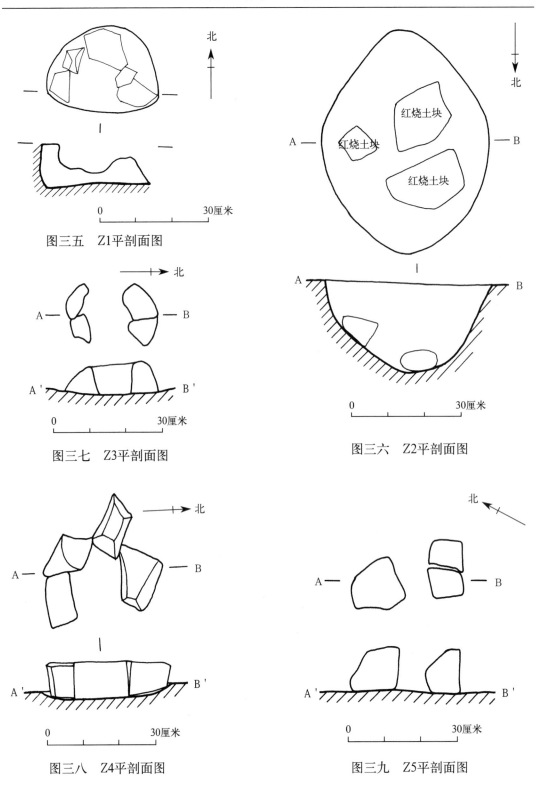

图三五　Z1平剖面图

图三七　Z3平剖面图

图三六　Z2平剖面图

图三八　Z4平剖面图

图三九　Z5平剖面图

Z10，位于T8东南角，开口第④层下，打破生土。用5块石块砌成，已坍塌，形状略呈三角形，直壁，平底，灶门朝西。灶坑内有宽4厘米，长4厘米，厚2厘米的红烧土，Z10与Z9之间有大量红烧土向东延伸隔梁下，宽10～25厘米，长30厘米，厚2～3厘米。灶内包含有草木灰及炭屑、红烧土颗粒，土质松软。坑呈正方形，南北长75、东西宽71、深20厘米。灶南北长59、东西宽50、残高12厘米（图四三）。

Z11，位于T7中部偏南，开口第③层下，打破第④层。由2块残砖及3块大小不等的石块砌成，已坍塌，现存形状近似三角形，灶门朝东，平底。灶内填土为灰褐土，土质疏松，包含物有大量草木灰及炭屑和少量红烧土颗粒。残宽25～30厘米，深7～16厘米（图四八）。

Z12，位于T7中东部，开口第④层下，打破H16至生土，用5块大小不等的石块砌成，已坍塌，现存形状呈不规则形，灶门朝南。平底，东西长35～50厘米，南北宽44厘米，深5～8厘米。灶内填土为灰褐土，土质疏松，包含有大量草木灰及炭屑和红烧土颗粒，灶内底部和灶的西南角有大量的红烧土堆积，灶内红烧土呈椭圆形，直径19～33厘米，厚0.1～0.5厘米。灶外红烧土为不规则形，最长52厘米，宽10～33厘米，厚0.1～0.5厘米（图四五）。

Z13，位于T15东北部，开口第③层下，打破第④层。6块大小不等不规则形的石块砌成，现已坍塌，现存形状近似方形，斜壁，平底，灶门朝南。灶的北侧及东侧有大量红烧土及炭屑和大小不等石块堆积，灶西侧有一层堆积厚约0.5～1厘米红烧土，灶内堆积为炭屑及红烧土，土质松软，包含物有泥质方格纹及素面灰陶罐残片，灶东西长约65厘米，南北宽58厘米，残高11厘米（图四六）。

Z14，位于T16西北部，开口第③层下，打破第④层及生土。用4块大小不等的砖石块在一圆坑内砌成，形状略呈"八"字形，灶南壁用两块几何纹汉砖砌成，东西两侧各用一块较大石块砌成。现已坍塌，斜壁，平底，灶门朝西。坑内填土为灰褐土，土质松软，包含有少量红烧土及炭屑堆积，灶直径27.5～63，火膛南北宽20～31.25，东西长37.5厘米，现存深约8～10厘米（图四四；图版八，1）。

Z15，位于T16西部，开口第③层下。打破第④层及生土。该灶为石结构，用大小不等厚薄不匀的3块石在一圆坑内砌成，形状略呈U形，现已坍塌，只保存灶脚，斜壁，平底，灶门朝东。坑内填土为灰褐土，土质松软，包含有少量炭屑及大量红烧土堆积，灶坑直径20～25厘米，现存深约8～10厘米。

Z16，位于T16西南部，开口第③层下，打破第④层，该灶为石结构，用大小不等、厚薄不均的5块石板砌成，形状呈不规则形，现已坍塌，只保存灶脚，斜壁，底部略凹，灶门朝北。坑内填土为灰褐土，土质松软，包含有少量炭屑及红烧土堆积，现存灶口直径29～41厘米，现存深约10～12厘米（图四七）。

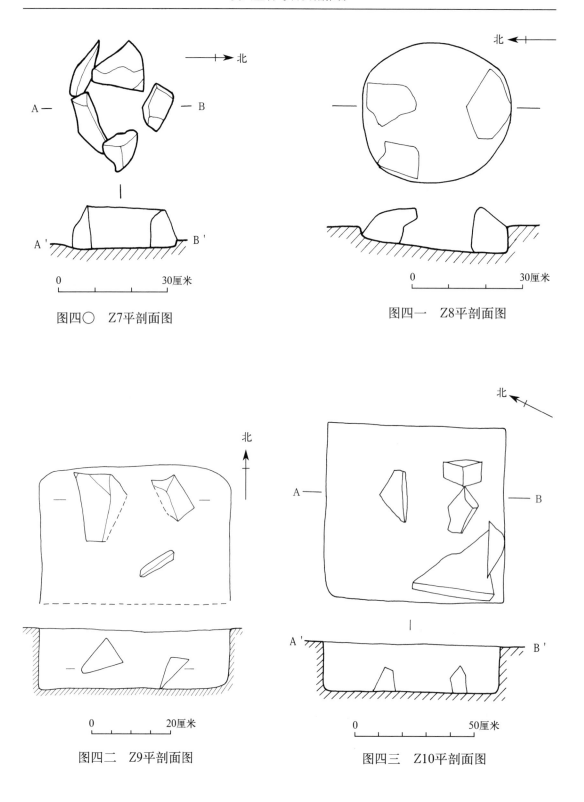

图四〇　Z7平剖面图

图四一　Z8平剖面图

图四二　Z9平剖面图

图四三　Z10平剖面图

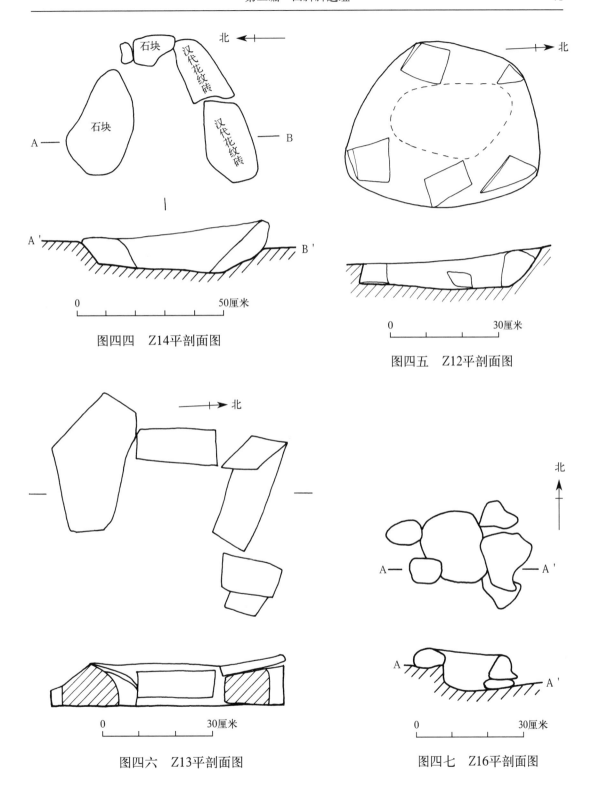

北

石块

汉代花纹砖

A

石块

汉代花纹砖

B

A'

B'

0　　　　　　　　50厘米

图四四　Z14平剖面图

北

0　　　　　30厘米

图四五　Z12平剖面图

北

0　　　　　30厘米

图四六　Z13平剖面图

北

A

A'

A

A'

0　　　　　30厘米

图四七　Z16平剖面图

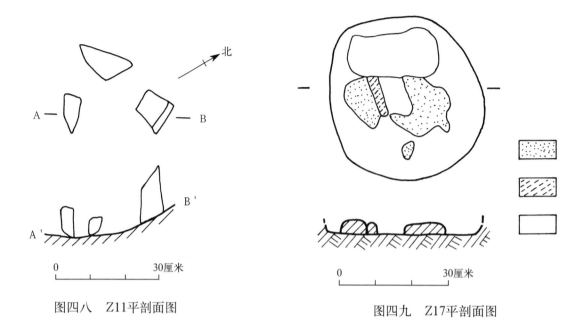

图四八　Z11平剖面图　　　　　　　图四九　Z17平剖面图

　　Z17，位于T16北部偏西，开口第③层下，打破第④层。该灶为土质结构，用泥在一圆坑内垒成，平面形状呈不规则形，现已坍塌，只保存部分灶脚。斜壁，底部略凹，灶门朝南。坑内填土为灰褐土，土质松软，包含有少量炭屑及大量红烧土堆积，红烧土主要集中在中部，现存灶口直径20～30厘米，现存深约3～4厘米，外部圆坑直径40～50厘米（图四九）。

　　Z18，位于T12中部偏北，开口第③层下，打破第④层和G2及生土。由一块不规则长条泥土挖造而成，灶坑形状呈椭圆形，直壁，底部不平，方向灶门朝西。灶内填土为灰褐土及红烧土，土质松软，包含有草木灰及炭屑、红烧土颗粒。长170厘米，宽50厘米，深7～15厘米。

表6　田脚脚遗址灶（Z）统计表　　　　　　　　　　　单位：厘米

编号	层位	形状	口径	底	深度	烧土厚度	包含物
1	T7③下西侧	近似半圆形	30	平底	5～6		烧土、炭屑、灰烬
2	T7③下东南	近似椭圆形	45～59	圜底	20～23	2.3	草木灰、炭屑、红烧土颗粒
3	T8③下西南	近似椭圆形	15～25	平底	12	7～9	兽骨、烧土、炭屑、灰烬

4	T8③下西南	近似方形	34～35	平底	10		烧土、炭屑、灰烬
5	T4③下中偏南	不规则形	28～30	平底	4～15	2～4	炭屑、烧土
6	T14③下中部	不规则圆形	宽15～35	平底	6～16	0.5～1	灰土、炭屑、烧土
7	T8③下西南	不规则形	28～34	平底	8～10		灰土、炭屑、灰烬、烧土
8	T4③下西北	近似三角形	37～40	圜底	3～5		灰褐土、炭屑
9	T8④下东南	近似三角形	25～30	平底	12	4	灰褐土、炭屑
10	T8④下东南	三角形	10～30	平底	7	2	灰褐土、炭屑、灰烬、烧土
11	T7③下中部	三角形	25～30	平底	7～16		灰褐土、炭屑
12	T7④下中偏东	不规则形	44～50	平底	5～8	0.5	灰褐土、炭屑
13	T15③下东北	近似方形	58～65	平底	11		灰褐土、炭屑
14	T16③下西北	"八"字形	27.5～63	平底	8～10		灰褐土、炭屑
15	T16③下西侧	"U"字形	20～25	平底	8～10	5	灰褐土、炭屑、灰烬、烧土
16	T16③下西南	不规则形	29～41	底部略凹	10～12		灰褐土、炭屑、灰烬、烧土
17	T16③下北偏西	不规则形	20～30	平底	3～4		灰褐土、炭屑、灰烬、烧土
18	T12③下中部	椭圆形	50～170	平底	7～15		烧土、灰烬、炭屑

六　烧土痕迹

红烧土痕迹位于T3中部，开口第④层下生土面上，平面近似椭圆形，上部有较多未燃尽的竹编织物黑色炭灰痕，局部显示出竹编形状，炭灰痕迹下为红烧土颗粒，在北部生土面上发现红烧土痕迹。炭屑厚度约5厘米，范围约50平方厘米，红烧土痕迹厚度约3～5厘米，分布范围长约90厘米，宽约198厘米。面积约1.8平方米。

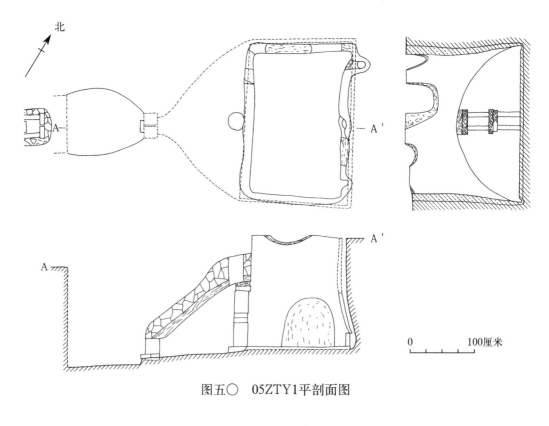

图五〇　05ZTY1平剖面图

七　陶　窑

　　田脚脚遗址发现陶窑1座。编号05ZTY1，位于扩方3东北角，是在生土上挖造而成，平面形状呈长方形，坐东朝西，由窑道、窑门、火门、火膛、窑床、风道、烟囱、窑顶八部分组成(图五〇；图版一〇)。

　　窑道：西端因断崖塌陷被破坏，残长120厘米，宽100厘米，深150厘米。

　　窑门：顶端用几何纹砖砌成弧形，其下为长方形，中上部开一火门，高20厘米，宽20～22厘米。

　　火门：位于窑门中上部，略呈长方形，由5块几何形长方砖砌成，高20厘米，宽20～22厘米。

　　火膛：位于窑室的西端，平面呈半圆形，前底后高，火膛与窑床之间用6块几何形长方砖搭成工字形支衬，火膛长140厘米，宽240厘米，最高98厘米。

　　窑床：平面略呈横向长方形，高于火膛10厘米，东端一斜面与火膛相连，床面保留一层完整陶土，窑床后壁饰4个烟囱，床面东、南、北三面饰有风道，窑床距窑顶高166厘米，窑床长138厘米，宽208～220厘米。

烟囱：4个，其中3个是在窑室后壁生土挖造而成，均为竖穴，平面呈方形，南侧烟囱位于窑室后壁转角处，形状为长方形，已坍塌，直径为10厘米；中间一烟囱位于后壁中央，底部被一块残石封住，形状为长方形，直径30厘米；北侧一个位于窑室后壁转角处形状为长方形，直径约30厘米；另一个烟囱位于窑顶前端，形状为方形，长、宽为30厘米。

窑顶：早年坍塌，根据坍塌残存的弧形窑壁及火膛穹隆顶分析推测，窑室顶部应为穹隆顶。

窑室内堆积及出土遗物：室内堆积共分三层：

第一层为扰土，土质为灰褐色，土质松软，包含有炭屑、顶部坍塌的红烧土块、泥质方格纹灰陶和弦纹红褐陶罐残件，厚约60厘米。

第二层，淤泥，土质为黄色，土质松软，无包含物，厚约40厘米。

第三层，红烧土块及陶土块堆积，包含物有炭屑、泥质灰褐色方格纹陶罐和泥质红褐色弦纹陶罐残件，厚约66厘米。

第三章　文化遗物

田脚脚遗址出土文化遗物主要有石器、骨器、陶器、铜器、铁器等，其中陶器数最多，其次是铜器，铁器次之。

一　石　器

田脚脚遗址出土石器共计16件。器物有石锛、石斧、石手镯、石球、石璜、石陶拍、纺轮、石环等。

石锛　6件。分四式。

I式，2件。长方形。质地为黄褐色大理石，中间夹杂有灰白色纹丝，上窄下宽，柄端残缺，有人工磨槽痕迹，通体磨光，单面刃，刃部及刃背有使用残缺疤痕。最大者05ZTT12②：2，残长7.6、厚1.2、柄宽4.2、刃宽5.7厘米（图五一，1；图版一一，1）。

II式，1件。05ZTT24：4，红褐色大理石，长方梯形。背面弧形，正面中部微突出，为器物的最厚处，单面凹弧刃。除上端略残缺外，余通体磨光，长8、刃宽5.1、最厚2.3厘米（图五一，2；图版一一，2）。

III式，1件。05ZTT22②：1，长方形，棕褐色，形体较小，单面刃，柄端残存有打击痕迹，刃部有使用残缺痕迹，长2.7、宽1.3～1.7厘米(图五一，3；图版一一，3)。

Ⅳ式，2件。柄端窄，刃部宽，略呈梯形，柄端残，有打疤痕，单面刃，标本05ZTY1：1，残长4.1～5、上端宽3.7、刃宽5.2、厚1.5厘米（图五一，4）。

石斧　3件。分为3式。

Ⅰ式，1件。05ZTT18：1，长2.6厘米，灰白色大理石料，器形短而宽，身宽大于身长，器身扁平，对称性双肩，身两边自上而下向外斜，双面弧刃，通体磨光。顶宽1.5、肩宽2.5、刃宽3.2厘米（图五二，1；图版一一，4）。

Ⅱ式，1件。05ZTT16③：2，灰白色页岩料，长方形，器形较大，器身扁薄，对称性双肩溜斜，柄短，一侧残缺，身长，器身扁平，两侧边近平行，双面斜弧刃，弧刃残缺三分之二，通体磨光。长14.4、柄顶宽3.6、肩宽7、刃宽8、厚1厘米（图五二，2；图版一一，5）。

Ⅲ式，1件。05ZTT17③：1，梯形石斧，灰黑色砾石料，上大下小呈三角形，双面刃，刃磨光。长4.3、宽2.7、厚1.6厘米（图五二，3）。

石球　1件。05ZTT23④：1，圆形球状，实心体，表面粗糙，直径2.2厘米（图五二，4）。

石璜　1件。05ZTT14③：2，残断，白色，圆形，肉扁宽，一面平整，一面饰凸棱，残长3.2厘米（图五二，5）。

石陶拍　1件。05ZTT20④：25，残断，质地为砂岩，柄横剖面略呈三角形，有手捏痕迹，拍面呈圆弧形，有抹损疤痕。残长12、拍面直径14厘米（图五二，6；图版一一，6）。

石手镯　1件。05ZTT20④：21，圆形，质地为灰褐色大理石，中间夹白色水纹线，残断，横断面略呈三角形，直径7.6厘米（图五三，9；图版一二，2）。

纺轮　2件。残存二分之一，圆饼形，扁平磨光，中间饰一穿孔，用黄褐色砂岩磨制而成，05ZTT20④：18，直径6.2、厚0.6厘米（图五三，1）。05ZTT12③：6，直径4.3、厚0.8厘米（图五三，2）。

石环　1件。05ZTT24④：1，椭圆形，通体磨光。直径1.8～2厘米（图五三，3；图版一二，1）。

二　骨　器

田脚脚遗址出土骨器5件，主要有锥、簪、环等。

骨锥　2件。分二型。

Ⅰ型，1件。05ZTT10④：7，形制长条三角形，扁平锥形，上宽下窄，残长7.2、宽1.1～0.3厘米（图五三，4）。

Ⅱ型，1件。05ZTT12③：7，上大下小，形制呈锥状，横断面呈椭圆形，长

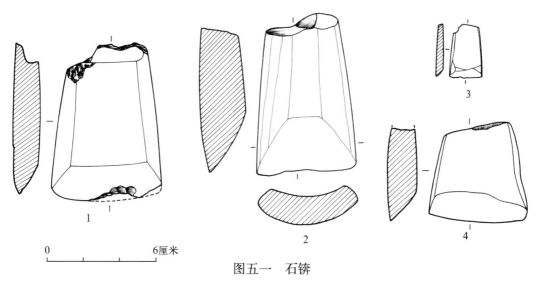

0 _____ 6厘米

图五一　石锛

1.Ⅰ式（05ZTT12②∶2）　　2.Ⅱ式（05ZTT24∶4）　　3.Ⅲ式（05ZTT22②∶1）　　4.Ⅳ式（05ZTY1∶1）

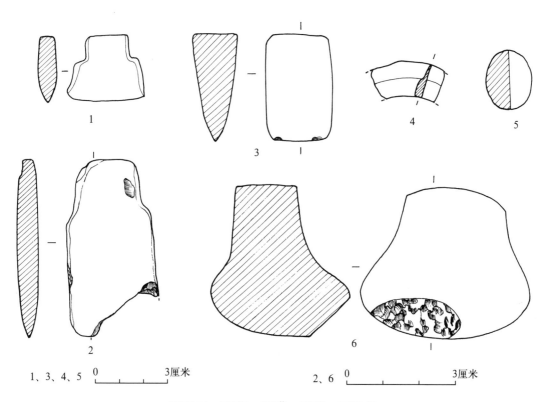

1、3、4、5　0 _____ 3厘米　　　　　　　　2、6　0 _____ 3厘米

图五二　石斧、石璜、石球、石陶拍

石斧：1.Ⅰ式（05ZTT18∶1）　　2.Ⅱ式（05ZTT16③∶2）　　3.Ⅲ式（05ZTT17③∶1）

4.石璜（05ZTT14③∶2）　　5.石球（05ZTT23④∶1）　　6.石陶拍（05ZTT20④∶25）

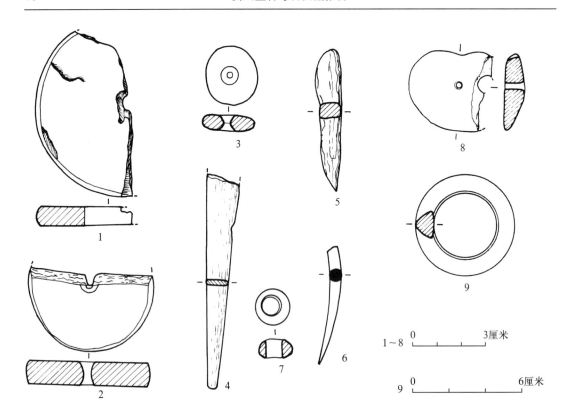

图五三　石纺轮、石环、骨锥、骨簪、骨环、陶刀、石手镯

1、2.石纺轮（05ZTT20④：18，05ZTT12③：6）　3.石环（05ZTT24④：1）

骨锥：4.Ⅰ型骨锥（05ZTT24：1）　5.Ⅱ型骨锥（05ZTT12③：7）　6.骨簪（05ZTT6③：5）

7.骨环（05ZTT17②：2）　8.陶刀（05ZTT3：1）　9.石手镯（05ZTT20④：21）

4.7、宽0.8~0.1厘米（图五三，5）。

　　骨簪　1件。05ZTT6③：5，残断，圆锥形，上端粗下端细呈锥形。残长4.5、直径0.4厘米（图五三，6；图版一二，3）。

　　骨环　1件。05ZTT17②：2，大小不一，厚薄不等，白色，磨制，表面略粗，中间两面钻孔，直径1.2、厚0.6厘米（图五三，7）。

三　陶　器

　　田脚脚遗址出土陶器残片3000多片。根据胎质可分为夹砂陶和泥质陶两类。

　　夹砂陶数量较少，约为25%左右，均为夹砂粗陶。由于烧制时火候不均，器表甚至胎中往往出现颜色不均，灰红间杂的现象，可分为灰褐、红及褐色三种。以灰褐陶为主，约占80%，红陶约占15%，褐陶较少约占5%左右。陶器纹饰有粗、中、细绳纹，以粗绳纹为主，其次有脉纹、圆圈纹、压印方格纹及素面等（图五四）。陶器制作，为泥条盘筑而成，内壁多保留有明显的漩涡状泥条及凹凸不平的手抹痕迹。陶器形制比较简单，均为圜底器，从残片口沿及腹部辨认，只有罐、釜和钵三种。

　　泥质陶均为平底器，数量较多，约占75%左右，陶色中，由于烧制时火候不均的原因，器表甚至胎中往往出现颜色不均，可分为灰、灰褐、灰红、褐等几种，以灰陶为主，约占50%，灰褐陶次之，约占30%，灰红及红陶约占15%左右，褐陶极少仅占4%左右。陶器纹饰有拍印方格纹、斜线方格纹、戳印纹、波浪纹、绳纹、刻划纹、弦纹、锥刺纹、芒纹及素面等（图五五）。纹饰中主要是斜线方格纹约占90%以上，其他纹饰较少（表7）。

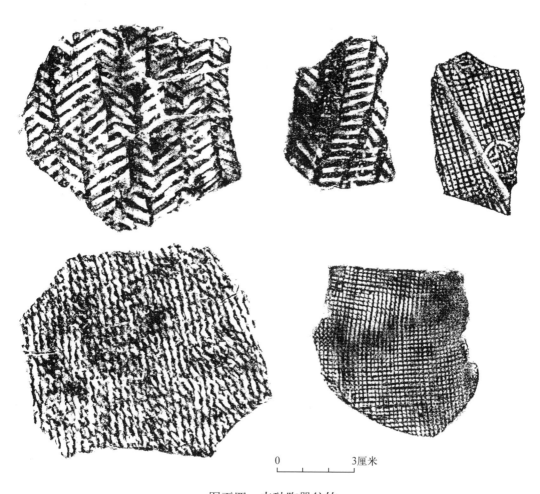

0　　　　　　　3厘米

图五四　夹砂陶器纹饰

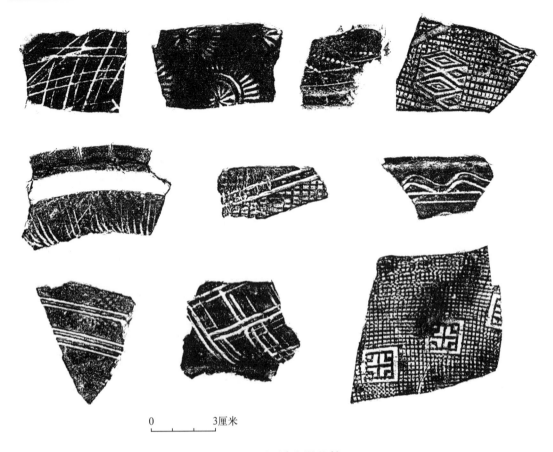

0　　　　　3厘米

图五五　泥质陶器纹饰

表7　董箐田脚脚遗址出土陶器纹饰统计表

		素面	绳纹	叶脉纹	刻划纹	锥刺纹	水波纹	方格纹	戳印纹	弦纹	夹砂方格纹	芒纹	合计
晚期	1	181	1	6	2		3	123	16	21			
	2	405	13	20	5		3	247	45	49	1		
早期	3	593	107	20	5	4	3	370	51	42	8	3	
	4	394	115	18	3	2	113	241	56	50	8	2	

陶器形制，根据陶器残片口沿可辨认的有罐、釜、四系罐、缶、盂、盘、圈足、锥足、钵、盆、碗、杯、器盖、板瓦、网坠、纺轮、珠等（表8）。

表8　董箐田脚脚遗址陶器型式统计表

序号	名称	型	层位	式	备注
1	罐	A	①	Ⅰ	
			②	Ⅴ	
			③	Ⅱ Ⅳ Ⅴ	
		B	④	Ⅰ	
		C	③	Ⅰ	
			④	Ⅱ Ⅲ Ⅳ	
		D	④	Ⅰ	
		E	②	Ⅰ	
			④	Ⅱ	
		F	③	Ⅰ	
			④	Ⅱ	
		G	①	Ⅲ Ⅳ Ⅴ	
			②	Ⅰ Ⅱ Ⅳ	
		H	③	Ⅰ Ⅱ Ⅲ Ⅳ Ⅴ	
		I	①	Ⅴ Ⅵ	
			②	Ⅰ Ⅱ Ⅲ Ⅳ Ⅶ	
			④	Ⅷ	
		J	③	Ⅰ Ⅱ	
			④	Ⅰ Ⅲ Ⅳ Ⅴ Ⅵ	
		K	①	Ⅶ	
			③	Ⅲ Ⅳ Ⅴ Ⅵ	
			④	Ⅰ Ⅱ	
		L	①	Ⅰ	
			④	Ⅱ Ⅲ Ⅳ Ⅴ Ⅵ Ⅶ Ⅷ	
		M	①	Ⅴ	
			②	Ⅰ Ⅱ Ⅲ Ⅳ	
		N	①	Ⅴ	
			②	Ⅰ Ⅱ Ⅲ Ⅳ	
		P	③	Ⅲ	
			④	Ⅰ Ⅱ	
		R	②	Ⅴ	
			③	Ⅱ Ⅲ Ⅵ	
			④	Ⅰ Ⅳ	
		S	③	Ⅰ	
		X	③	Ⅰ	

2	四系罐		③	Ⅴ　Ⅶ	
			④	Ⅰ　Ⅱ　Ⅲ　Ⅳ	
3	瓮		①	Ⅲ	
			②	Ⅲ	
			③	Ⅰ	
			④	Ⅱ	
4	缶		④	Ⅰ	
5	盂		③	Ⅱ	
			④	Ⅰ	
6	圈足		②	Ⅲ	
			④	Ⅰ　Ⅱ	
7	锥足		②	Ⅰ	
8	钵	A	①	Ⅰ	
			②	Ⅲ	
			③	Ⅰ	
			④	Ⅱ	
		B	③	Ⅱ	
			④	Ⅰ	
		C	①	Ⅱ	
			②	Ⅰ	
			③	Ⅱ	
			④	Ⅲ　Ⅳ　Ⅴ	
9	盆	A	①	Ⅶ	
			②	Ⅱ　Ⅳ　Ⅴ	
			③	Ⅰ　Ⅲ　Ⅳ　Ⅵ　Ⅷ	
			④	Ⅰ　Ⅱ　Ⅴ　Ⅵ	
		B	④	Ⅰ　Ⅱ	
		C	④	Ⅰ	
		D	④	Ⅰ	
		E	④	Ⅰ	
10	碗		②	Ⅷ　Ⅸ	
			③	Ⅲ　Ⅳ　Ⅴ　Ⅵ　Ⅶ	
			④	Ⅰ　Ⅴ　Ⅵ　Ⅶ	
11	杯		②	Ⅳ　Ⅴ	
			③	Ⅳ　Ⅵ	
			④	Ⅰ　Ⅱ　Ⅲ	
12	器盖		①	Ⅸ	
			③	Ⅱ　Ⅲ　Ⅳ　Ⅷ	
			④	Ⅰ　Ⅴ　Ⅵ　Ⅶ	

13	网坠	A	④	I	
		B	③	I	
		C	①	I Ⅱ	
			②	Ⅲ	
		D	①	I	
		E	①	I Ⅴ Ⅸ	
			②	Ⅲ Ⅷ	
			③	Ⅱ Ⅵ Ⅸ	
			④	Ⅳ Ⅵ Ⅶ Ⅷ Ⅸ	
14	纺轮		①	Ⅱ	
			④	I Ⅲ Ⅳ Ⅴ	
15	陶珠		③	I	

罐 289件。分17型。

A型 27件。分五式。

Ⅰ式，14件。夹砂褐陶，手捏制，器内壁可见凹凸不平的手抹痕迹。火候较低，方唇，敞口，直颈，饰方格纹。标本05ZTT17④：5，口径18、残高5.2厘米（图五六，1）。标本05ZTT17④：1，素面，口径17、残高4.8厘米（图五六，2）。

Ⅱ式，1件。05ZTTY1（扩方）③：3，夹砂褐陶，手捏制，器内壁可见凹凸不平的手抹痕迹。火候较低，方唇，平沿，敞口，束颈，饰粗绳纹。口径26、残高5.8厘米（图五六，3）。

Ⅲ式，3件。夹砂灰褐陶，手捏制，器内壁可见凹凸不平的手抹痕迹，火候较低，平沿方唇，敞口，束颈。标本05ZTT17②：2，素面，口径16、残高3.2厘米（图五六，4）。05ZTT20④：3，颈部饰支点及粗绳纹，残高5.6厘米（图五六，5）。

Ⅳ式，8件。夹砂灰陶和灰红陶，手捏制，器内壁可见凹凸不平的手抹痕迹。火候较低，圆唇，敞口，束颈，标本05ZTT18②：1，口径14、残高3.2厘米（图五六，6）。

Ⅴ式，1件。05ZTT20③：1，夹砂红褐陶，手捏制，器内壁可见凹凸不平的手抹痕迹。火候较低，尖唇，敞口，束颈，口径16、残高4厘米（图五六，7）。

B型 1件。05ZTT20④：1，夹砂灰褐陶，手捏制，器内壁可见凹凸不平的手抹痕迹，火候较低，外斜唇，敞口，长颈，饰方格纹及叶脉纹，口径27、残高10.3厘米（图五七，1）。

C型 8件。分四式。

Ⅰ式，3件。夹砂灰褐陶及灰褐陶，手捏制，器内壁可见凹凸不平的手抹痕迹。火候较低，平沿，方唇，敞口，直颈微撇，饰方格纹及粗绳纹。05ZTT19③：1，口

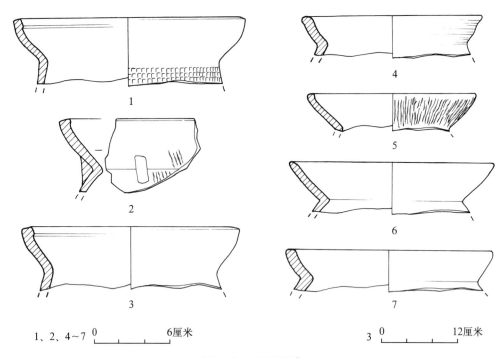

1、2、4~7　0 ┝━━━┥ 6厘米　　　　　　3　0 ┝━━━┥ 12厘米

图五六　A型陶罐

1、2.Ⅰ式（05ZTT17④：5，05ZTT17④：1）　3.Ⅱ式（05ZTTY1[扩方]③：3）
4、5.Ⅲ式（05ZTT17②：2，05ZTT20④：3）　6.Ⅳ式（05ZTT18②：1）　7.Ⅴ式（05ZTT20③：1）

径26、残高6厘米（图五七，2）。

　　Ⅱ式，2件。夹砂灰褐陶，手捏制，器内壁可见凹凸不平的手抹痕迹。火候较低，饰绳纹。方唇，敞口，束颈，斜肩。标本05ZTT20④：2，口径22、残高6厘米（图五七，3）。

　　Ⅲ式，1件。05ZTT20④：5，夹砂灰褐陶，手捏制，器内壁可见凹凸不平的手抹痕迹。火候较低，圆唇，敞口，束颈。口径8、残高3.1厘米（图五七，4）。

　　Ⅳ式，2件。分夹砂红陶和黄灰陶，手捏制，器内壁可见凹凸不平的手抹痕迹，火候较低。尖唇，敞口，束颈，溜肩，饰绳纹。标本05ZTT5④：1，口径11、残高4厘米（图五七，5）。

　　D型　1件。05ZTT17④：3，夹砂红陶，手捏制，器内壁可见凹凸不平的手抹痕迹，火候较低，方唇内凹，敛口。残高3.4厘米（图五七，6）。

　　E型　3件。分二式。

　　Ⅰ式，2件。夹砂灰褐陶及灰陶，手捏制，器内壁可见凹凸不平的手抹痕迹。火候较低，饰粗绳纹及素面，圆唇，侈口，溜肩。标本05ZTT19②：1，素面，口径

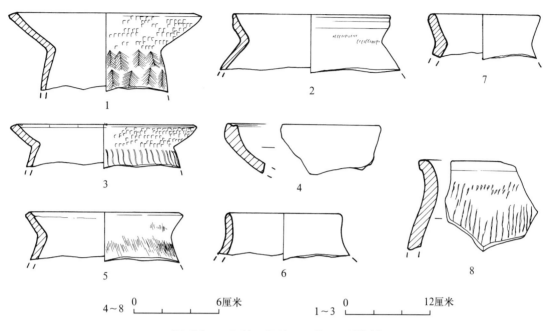

图五七　　B型、C型、D型、E型陶罐

1.B型（05ZTT20④：1）　2.C型Ⅰ式（05ZTT19③：1）　3.C型Ⅱ式（05ZTT20④：2）
4.C型Ⅲ式（05ZTT20④：5）　5.C型Ⅳ式（05ZTT5④：1）　6.D型（05ZTT17④：3）
7.E型Ⅰ式（05ZTT19②：1）　8.E型Ⅱ式（05ZTT15④：1）

8.2、残高3.2厘米（图五七，7）。

　　Ⅱ式，1件。05ZTT15④：1，夹砂灰褐陶，手捏制，器内壁可见凹凸不平的手抹痕迹。火候较低，圆唇，敞口，肩斜直，腹微鼓，表面饰细绳纹。残高6.2厘米（图五七，8）。

　　F型　3件。分三式。

　　Ⅰ式，3件。夹砂灰褐陶及红陶，手捏制，器内壁可见凹凸不平的手抹痕迹。火候较低，圆唇，敞口。标本05ZTT4③：1，残高4.4厘米（图五八，1）。

　　Ⅱ式，1件。05ZTT20④：1，夹砂灰褐陶，手捏制，器内壁可见凹凸不平的手抹痕迹，火候较低，圆唇，平沿，喇叭口，束颈，表面饰细绳纹。残高7.8厘米（图五八，2）。

　　G型　14件。分为六式。

　　Ⅰ式，4件。泥质灰陶，手制，器内壁可见凹凸不平的手抹痕迹。口沿慢轮加工，火候较高，圆唇，敞口，束颈，溜肩，腹微鼓。标本05ZTT8②：2，残高6厘米（图五九，1）。

　　Ⅱ式，2件。泥质灰陶，手制，器内壁可见凹凸不平的手抹痕迹，口沿慢轮加工。火候较高，尖唇，敞口，短颈，溜肩，腹微鼓。标本05ZTT23②：5，口径22、残高4.6厘米（图五九，2）。

Ⅲ式，1件。05ZTT24：23，泥质灰陶，手制，器内壁可见凹凸不平的手抹痕迹，口沿慢轮加工，火候较高，尖唇，敛口，微短领，溜肩，鼓腹，表面格纹，施青釉，釉色已脱落。口径16、残高5.2厘米（图五九，3）。

Ⅳ式，2件。泥质灰陶，手制，器内壁可见凹凸不平的手抹痕迹，口沿慢轮加工。火候较高，圆唇，敛口，微短领。标本05ZTT19：3，口径20.8、残高5.2厘米（图五九，4）。

Ⅴ式，2件。泥质灰陶，手制，器内壁可见凹凸不平的手抹痕迹，口沿慢轮加工。火候较高，圆唇，侈口，微短领，溜肩，鼓腹。标本05ZTT24：16，口径16、残高3.1厘米（图五九，5）。

Ⅵ式，3件。泥质灰陶，手制，器内壁可见凹凸不平的手抹痕迹，口沿慢轮加工。火候较高，圆唇，敛口，束颈，鼓腹，标本05ZTT23②：2，口径16、残高3.6厘米（图五九，6）。

H型 7件。分五式。

Ⅰ式，1件。05ZTT24③：2，泥质灰陶，手制，器内壁可见凹凸不平的手抹痕

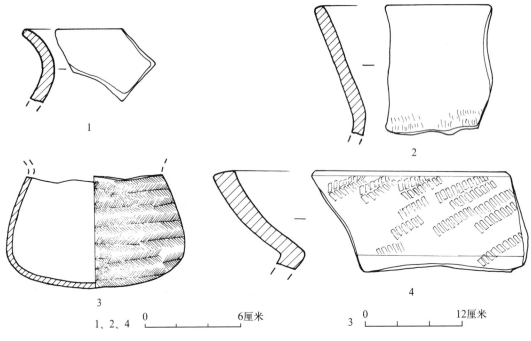

图五八 陶罐、釜

1.F型Ⅰ式陶罐（05ZTT4③：1）　2.F型Ⅱ式陶罐（05ZTT20④：1）　3.釜（05ZTT18③：1）　4.釜（05ZTT18③：1）

迹，口沿慢轮加工，火候较高，平唇内凹，敞口，束颈，腹微鼓。口径18、残高3.2厘米（图六〇，1）。

Ⅱ式，1件。05ZTT20③：3，泥质灰陶，手制，器内壁可见凹凸不平的手抹痕迹，口沿慢轮加工，火候较高，圆唇，敛口，鼓腹。口径20、残高3.6厘米（图六〇，2）。

Ⅲ式，1件，05ZTT9③：1，泥质灰陶，手制，器内壁可见凹凸不平的手抹痕迹，口沿慢轮加工。火候较高，尖唇，敞口，微短领，饰弦纹。口径18、残高3.2厘米（图六〇，3）。

Ⅳ式，3件。泥质灰陶，手制，器内壁可见凹凸不平的手抹痕迹，口沿慢轮加工。火候较高，圆唇，敛口，微短领，腹微鼓，表面弦纹，施青釉，釉色已脱落。标本05ZTT23③：2，口径18、残高5.4厘米（图六〇，4）。标本05ZTT19③：3，口径17.6、残高4.2厘米（图六〇，5）。

Ⅴ式，1件。05ZTT12③：1，泥质灰陶，手制，器内壁可见凹凸不平的手抹痕迹，口沿慢轮加工。火候较高，平唇，侈口，直颈，溜肩，鼓腹，颈部饰凸弦纹。口径14、残高4厘米（图六〇，6）。

Ⅰ型　22件。分八式。

Ⅰ式，10件。泥质灰陶，手制，器内壁可见凹凸不平的手抹痕迹，口沿慢轮加

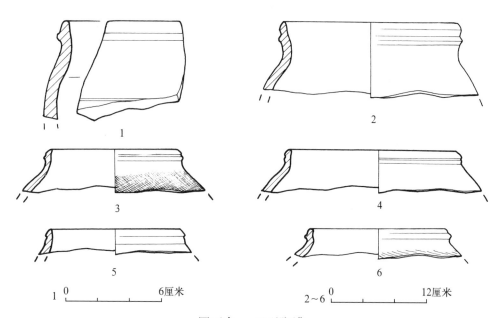

图五九　G型陶罐

1. Ⅰ式(05ZTT8②：2)　2. Ⅱ式(05ZTT23②：5)　3. Ⅲ式(05ZTT24：23)
4. Ⅳ式(05ZTT19：3)　5. Ⅴ式(05ZTT24：16)　6. Ⅵ式(05ZTT23②：2)

工。火候较高。平唇，敛口，束颈，鼓腹。标本05ZTT6③：13，口径30、残高4.2厘米（图六一，1）。标本05ZTT6③：12，束颈，溜肩，鼓腹。口径12、残高2.8厘米（图六一，2）。标本05ZTT11②：1，平唇，敛口，束颈，鼓腹。口径18、腹径24、残高5.8厘米(图六一，3）。

Ⅱ式，2件。泥质灰陶，手制，器内壁可见凹凸不平的手抹痕迹，口沿慢轮加工。火候较高，圆唇平沿，敞口，微短颈，腹微鼓。标本05ZTT6③：11，口径10、残高3.4厘米（图六一，4）。

Ⅲ式，2件。泥质灰陶，手制，器内壁可见凹凸不平的手抹痕迹，口沿慢轮加工。火候较高，平唇，侈口，短颈，溜肩，鼓腹。标本05ZTT24③：10，口径20、腹径约30、残高8厘米（图六一，5）。标本05ZTT6③：1，口径26.4、腹径约34、残高8厘米（图六一，6）。

Ⅳ式，2件。泥质灰陶，手制，器内壁可见凹凸不平的手抹痕迹，口沿慢轮加工。火候较高，圆唇，敞口，高领，溜肩，颈部饰弦纹，施青釉，釉色已脱落。标本05ZTT16③：9，口径12、残高4.2厘米（图六二，1）。标本05ZTT24④：5，泥质灰陶，手制，慢轮加工，火候较高，敞口，平沿，短领，溜肩，鼓腹，口径13.2、残高4.2厘米（图六二，2）。

Ⅴ式，1件。05ZTT1：2，泥质灰陶，手制，器内壁可见凹凸不平的手抹痕迹，口沿慢轮加工。火候较高，圆唇，敞口，领比Ⅳ式略短，口径13、残高2.6厘米（图

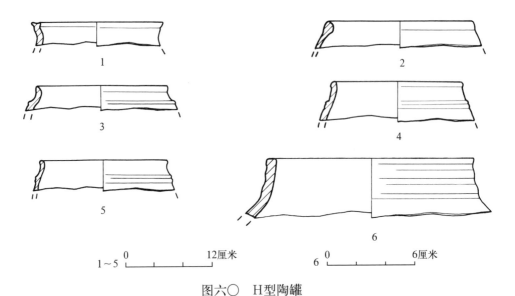

1　2　3　4　5　6

1~5　0　　　12厘米　　　6　0　　　6厘米

图六○　H型陶罐
1. Ⅰ式(05ZTT24③：2)　2. Ⅱ式(05ZTT20③：3)　3. Ⅲ式(05ZTT9③：1)
4、5.Ⅳ式(05ZTT23③：2、05ZTT19③：3)　6.Ⅴ式(05ZTT12③：1)

六二，3）。

VI式，3件。泥质灰陶，手制，器内壁可见凹凸不平的手抹痕迹，口沿慢轮加工。火候较高，圆唇，敞口，束颈，斜肩。标本05ZTT9：14，口径11、残高4.3厘米（图六二，4）。

VII式，1件。05ZTT20③：16，泥质灰陶，手制，器内壁可见凹凸不平的手抹痕迹，口沿慢轮加工。火候较高，斜唇，敞口，束颈，溜肩，鼓腹，饰方格纹。口径13、残高4厘米（图六二，5）。

VIII式，1件。05ZTT4④：12，泥质灰陶，手制，器内壁可见凹凸不平的手抹痕迹，口沿慢轮加工，火候较高，圆唇，敞口，束颈，溜肩。口径22、残高3.6厘米（图六二，6）。

J型 15件。分六式。

I式，4件。1件完整，泥质灰陶，手制，器内壁可见凹凸不平的手抹痕迹，口沿经慢轮加工。火候较高，圆唇，外斜沿，侈口，束颈，溜肩，腹微鼓，平底内凹，表面方格纹。标本05ZTT8③：1，口径17.8、腹径23.6、底径19.4、高21.4厘米（图六三，1；图版一二，4）。标本05ZTT8④：28，圆唇，外斜沿，侈口，微短领，溜肩，腹微鼓，饰方格纹及戳印纹。口径19、腹径26、高6.6厘米（图六三，2）。

II式，6件。泥质灰陶，手制，器内壁可见凹凸不平的手抹痕迹，口沿慢轮加

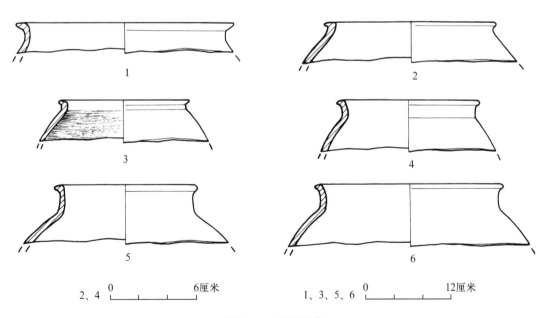

2、4 [0_____6厘米] 1、3、5、6 [0_____12厘米]

图六一 I型陶罐

1、2、3. I式(05ZTT6③：13、05ZTT6③：12、05ZTT11②：1) 4. II式(05ZTT6③：11)
5、6.III式(05ZTT24③：10、05ZTT6③：1)

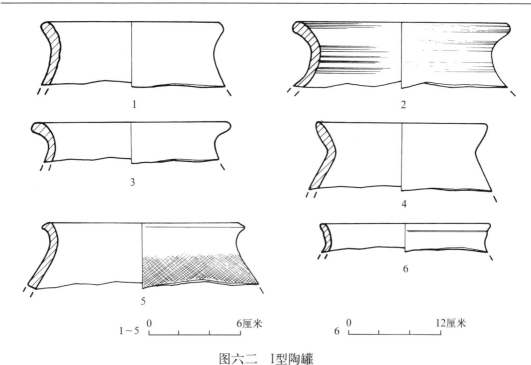

图六二　I型陶罐

1、2.Ⅳ式(05ZTT16③：9、05ZTT24④：5)　3.Ⅴ式(05ZTT1：2)　4.Ⅵ式(05ZTT9：14)
5.Ⅶ式(05ZTT20③：16)　6.Ⅷ式(05ZTT4④：12)

工。火候较高，尖唇，斜沿，侈口，微短领，溜肩，鼓腹，腹上部表面方格纹，施青釉，釉色已脱落，标本05ZTT7③：2，口径28、残高5.4厘米（图六三，4）。标本05ZTT6③：3，泥质灰陶，手制，慢轮加工，火候较高，尖唇，斜沿，侈口，微短领，素面，口径20、残高3.8厘米（图六三，3）。

　　Ⅲ式，1件。05ZTTY1：21，泥质灰陶，手制，器内壁可见凹凸不平的手抹痕迹，口沿慢轮加工。火候较高，平唇斜沿，侈口，束颈，溜肩，腹微鼓。口径18、残高3厘米（图六三，5）。

　　Ⅳ式，2件。泥质灰陶，手制，器内壁可见凹凸不平的手抹痕迹，口沿慢轮加工。火候较高，平唇，直口，短颈，溜肩，鼓腹，饰弦纹。标本05ZTT20④：18，口径10、腹径约13.5、残高3.7厘米（图六三，6）。

　　Ⅴ式，1件。05ZTT10④：5，泥质灰陶，手制，器内壁可见凹凸不平的手抹痕迹，口沿慢轮加工，火候较高，平唇，直口，短领，鼓腹，饰弦纹。口径8、残高2.8厘米（图六三，7）。

　　Ⅵ式，1件。05ZTT9④：4，泥质灰陶，手制，器内壁可见凹凸不平的手抹痕迹，口沿慢轮加工。火候较高，圆唇，侈口，颈微直，溜肩。口径16.8、残高3.2厘米（图六三，8）。

　　K型　19件。分七式。

　　Ⅰ式，2件。泥质灰陶，手制，器内壁可见凹凸不平的手抹痕迹，口沿慢轮加工。火候较高，圆唇，敛口，子母沿，颈微束。标本05ZTT11④：3，口径20、残高3厘米（图六四，1）。

　　Ⅱ式，1件。05ZTT11④：4，泥质灰陶，手制，器内壁可见凹凸不平的手抹痕迹，口沿慢轮加工。火候较高，圆唇，敛口，子母沿，直颈。口径14、残高3.2厘米（图六四，2）。

　　Ⅲ式，9件。泥质灰陶，手制，器内壁可见凹凸不平的手抹痕迹，口沿慢轮加工。火候较高，圆唇，侈口，束颈，溜肩，鼓腹。标本05ZTT15③：1，饰锥刺纹，口径20、残高5.6厘米（图六四，3）。

　　Ⅳ式，1件，05ZTT8④：1，泥质灰陶，手制，器内壁可见凹凸不平的手抹痕迹，口沿慢轮加工，火候较高，尖唇，敞口，束颈，溜肩，鼓腹，饰弦纹。口径19、

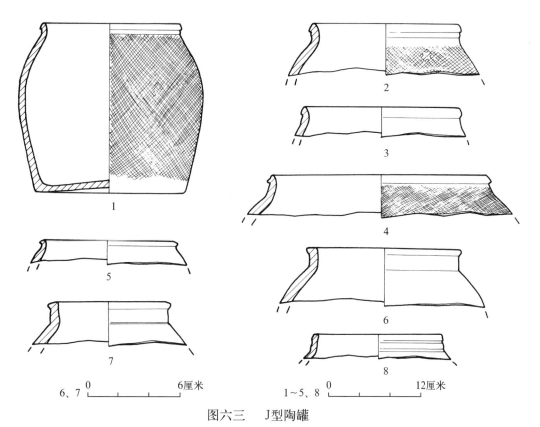

图六三　J型陶罐

1、2.Ⅰ式(05ZTT8③：1, 05ZTT8④：28)　3、4.Ⅱ式(05ZTT7③：2, 05ZTT6③：3)
5.Ⅲ式(05ZTTY1：21)　6.Ⅳ式(05ZTT20④：18)　7.Ⅴ式(05ZTT10④：5)　8.Ⅵ式(05ZTT9④：4)

腹径约28、残高7.8厘米（图六四，4）。

Ⅴ式，2件。泥质灰陶，手制，器内壁可见凹凸不平的手抹痕迹，口沿慢轮加工，火候较高，尖唇，侈口，微短领溜肩，鼓腹。标本05ZTT17③：3，口径12、腹径约16、残高3.8厘米（图六四，5）。

Ⅵ式，2件。泥质灰陶，手制，器内壁可见凹凸不平的手抹痕迹，口沿慢轮加工，火候较高，尖唇，子母沿，直口，瘦腹。标本05ZTT5③：4，残高5.6厘米（图六四，6）。

Ⅶ式，2件。泥质灰陶，手制，器内壁可见凹凸不平的手抹痕迹，口沿慢轮加工。火候较高，尖唇，子母沿，敞口，溜肩，鼓腹，饰绳纹及弦纹，标本05ZTT22：17，口径26、腹径约34、残高7.2厘米（图六四，7）。标本05ZTT12：3，尖唇，子母沿，敞口，溜肩，腹微鼓，颈饰凸弦纹，口径16、残高3.4厘米（图六四，8）。

L型　65件。分九式。

1式，11件。泥质灰陶，手制，器内壁可见凹凸不平的手抹痕迹，口沿慢轮加工。火候较高，尖唇，侈口，束颈，鼓腹，饰方格纹。标本05ZTY1：41，口径

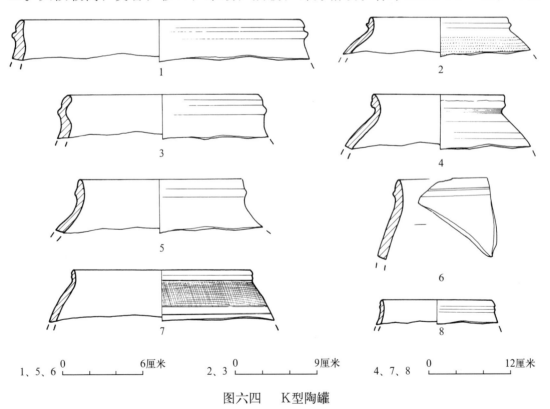

图六四　K型陶罐

1. Ⅰ式(05ZTT11④：3)　2. Ⅱ式(05ZTT11④：4)　3. Ⅲ式(05ZTT15③：1)　4. Ⅳ式(05ZTT8④：1)
5. Ⅴ式(05ZTT17③：3)　6. Ⅵ式(05ZTT5③：4)　7、8. Ⅶ式(05ZTT22：17、05ZTT12：3)

16.4、腹径22、残高7.6厘米（图六五，1）。标本05ZTY1∶34，尖唇，侈口，束颈，腹微鼓，饰方格纹。口径16.4、腹径20.4、残高8.6厘米（图六五，2）。

Ⅱ式，6件。泥质灰陶，手制，器内壁可见凹凸不平的手抹痕迹，口沿慢轮加工。火候较高，尖唇，侈口，微短领，溜肩，腹比1式略瘦，饰方格纹。标本05ZTY1∶33，口径15.2、腹径18.6、残高7.4厘米（图六五，3）。

Ⅲ式，2件。泥质灰陶，手制，器内壁可见凹凸不平的手抹痕迹，口沿慢轮加工。火候较高，圆唇外翻，侈口，微短领，溜肩，腹微鼓，饰方格纹。标本05ZTT8④∶21，口径24、腹径约33、残高10.4厘米（图六五，4）。

Ⅳ式，7件。泥质灰陶，手制，器内壁可见凹凸不平的手抹痕迹，口沿慢轮加工。火候较高，圆唇，宽边，敞口，短颈，溜肩，鼓腹，饰方格纹。标本05ZTT17④∶19，残高5.8厘米（图六五，5）。

Ⅴ式，2件。泥质灰陶，手制，器内壁可见凹凸不平的手抹痕迹，口沿慢轮加工。火候较高，圆唇，宽边，敛口，束颈，斜肩，饰方格纹。标本05ZTT3④∶13，残高4.6厘米（图六五，6）。

Ⅵ式，10件。泥质灰陶，手制，器内壁可见凹凸不平的手抹痕迹，口沿慢轮加工。火候较高，尖唇，侈口，微短领，溜肩，腹微鼓，饰方格纹，施青釉，釉色已脱落。标本05ZTT7④∶6，口径13.8、残高4.2厘米（图六五，7）。

Ⅶ式，22件。泥质灰陶，手制，器内壁可见凹凸不平的手抹痕迹，口沿慢轮加工。火候较高，尖唇，斜沿，侈口，短颈，溜肩，腹微鼓，饰方格纹及锥刺纹。标本05ZTT8④∶5，口径14、残高3.4厘米（图六六，1）。标本05ZTT21④∶3，尖唇，折沿，敞口，短颈，腹微鼓，饰方格纹，口径14。腹径约17、残高4厘米（图六六，2）。

Ⅷ式，3件。泥质灰陶，手制器内壁可见凹凸不平的手抹痕迹，口沿慢轮加工。火候较高，尖唇，斜沿，敞口，束颈，鼓腹。标本05ZTT21④∶4，饰方格纹及戳印纹，残高3.1厘米（图六六，3）。

Ⅸ式，2件。泥质灰陶，手制，器内壁可见凹凸不平的手抹痕迹，口沿慢轮加工。火候较高，尖唇外翻，侈口，束颈，溜肩，鼓腹。标本05ZTT11④∶9，饰方格纹，残高4.6厘米（图六六，4）。

M型　6件。分五式。

Ⅰ式，1件。05ZTT11②∶2，泥质灰陶，手制，器内壁可见凹凸不平的手抹痕迹，口沿慢轮加工。火候较高，斜唇，侈口，短颈，瘦腹。口径20、残高3.6厘米（图六七，1）。

Ⅱ式，1件。05ZTT22②∶7，泥质灰陶，手制，器内壁可见凹凸不平的手抹痕

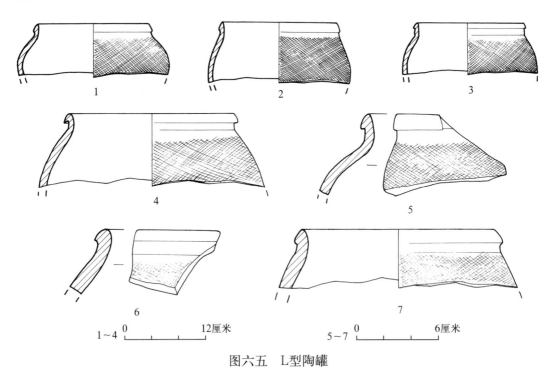

图六五 L型陶罐

1、2. I 式(05ZTY1：41，05ZTY1：34) 3. II 式(05ZTY1：33) 4. III 式(05ZTT8④：21)
5. IV 式(05ZTT17④：19) 6. V 式(05ZTT3④：13) 7. VI 式(05ZTT7④：6)

迹，口沿慢轮加工。火候较高，斜沿，敛口，短颈，溜肩，鼓腹。口径16、残高4.4
厘米（图六七，2）。

Ⅲ式，1件。05ZTT20②：2，泥质灰陶，手制，器内壁可见凹凸不平的手抹痕
迹，口沿慢轮加工。火候较高，圆唇，侈口，短颈，瘦腹，饰弦纹，施青釉，釉色已
脱落。口径16、残高4.6厘米（图六七，3）。

Ⅳ式，1件。05ZTT16②：2。泥质灰陶，手制，器内壁可见凹凸不平的手抹痕
迹，口沿慢轮加工。火候较高，圆唇，短颈，折肩，瘦腹，口径20.8、残高4.2厘米
（图六七，4）。

Ⅴ式，2件。泥质灰陶，手制，器内壁可见凹凸不平的手抹痕迹，口沿慢轮加
工。火候较高，平唇外斜，敛口，微短颈，腹微鼓，饰弦纹，施青釉，釉色已脱
落，标本05ZTT1：24，口径16、残高4厘米（图六七，5），标本05ZTT22：5，平
唇略外斜，敞口，微短颈，溜肩，腹微鼓，饰方格纹，口径27.6、残高3.4厘米（图
六七，6）。

N型 7件。分五式。

Ⅰ式，2件。泥质灰陶，手制，器内壁可见凹凸不平的手抹痕迹，口沿慢轮加

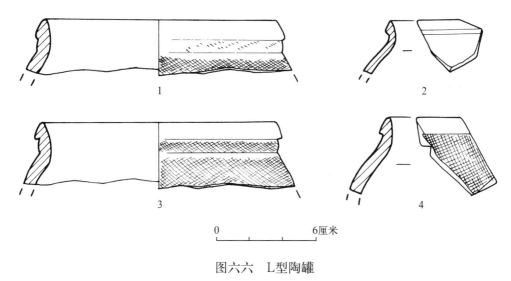

图六六　L型陶罐

1、2.Ⅶ式(05ZTT8④∶5、05ZTT21④∶3)　3.Ⅷ式(05ZTT21④∶4)　4.Ⅸ式(05ZTT11④∶9)

工。火候较高，方唇，敞口，微短领，溜肩，腹微鼓，饰方格纹及戳印纹。标本05ZTT7②∶5，口径26、残高5.2厘米（图六八，1）。

Ⅱ式，2件。泥质灰陶，手制，器内壁可见凹凸不平的手抹痕迹，口沿慢轮加工。火候较高，圆唇，敞口，溜肩，腹微鼓。标本05ZTT19②∶2，口径20、残高3.4厘米（图六八，2）。

Ⅲ式，1件。05ZTT23②∶4，泥质灰陶，手制，器内壁可见凹凸不平的手抹痕迹，口沿慢轮加工。火候较高，平唇，侈口，溜肩，鼓腹。口径14、残高5.2厘米（图六八，3）。

Ⅳ式，1件。05ZTT17②∶2，泥质灰陶，手制，器内壁可见凹凸不平的手抹痕迹，口沿慢轮加工。平唇，侈口，微短领，腹微鼓。口径20、残高4.6厘米（图六八，4）。

Ⅴ式，1件。05ZTT22③∶7，泥质灰陶，手制，器内壁可见凹凸不平的手抹痕迹，口沿慢轮加工。火候较高，尖唇，侈口，微短领，腹微鼓，饰方格纹，施青釉，釉色已脱落。口径20、残高4.6厘米（图六八，5）。

P型　7件。分三式。

Ⅰ式，1件。05ZTT3④∶1，泥质灰陶，手制，器内壁可见凹凸不平的手抹痕迹，口沿慢轮加工。火候较高，圆唇外翻，敞口，微短领，斜肩，饰方格纹及戳印纹。口径20、残高5.5厘米（图六九，1）。

Ⅱ式，4件。泥质灰陶，手制，器内壁可见凹凸不平的手抹痕迹，口沿慢轮加

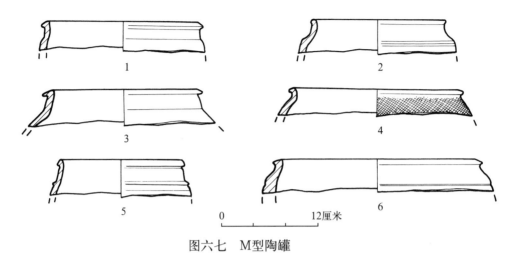

图六七　M型陶罐

1. I 式(05ZTT11②：2)　2. II 式(05ZTT22②：7)　3. III 式(05ZTT20②：2)
4. IV式(05ZTT16②：2)　5、6. V式(05ZTT1：24、05ZTT22：5)

工。火候较高，圆唇略外斜，敞口，微短领，溜肩，鼓腹。标本05ZTT11④：12，口
径15、残高2.4厘米（图六九，2）。

III式，2件。泥质灰陶，手制，器内壁可见凹凸不平的手抹痕迹，口沿慢轮加
工。火候较高，圆唇外翻，束颈，鼓腹，饰方格纹及戳印纹。标本05ZTT16③：10，
残高4厘米（图六九，3）。

R型　78件。分六式。

I 式，8件。泥质灰陶，手制，器内壁可见凹凸不平的手抹痕迹，口沿慢轮加
工。火候较高，圆唇，沿外折，口微敞，短颈，圆肩或溜肩，腹圆鼓，腹下内收。饰

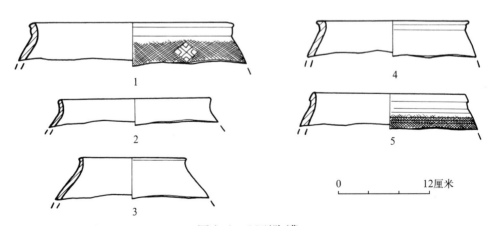

图六八　N型陶罐

1. I 式(05ZTT7②：5)　2. II 式(05ZTT19②：2)　3. III 式(05ZTT23②：4)
4. IV式(05ZTT17②：2)　5. V式(05ZTT22③：7)

方格纹及戳印纹。标本05ZTY1：19，口径24、残高10.4厘米（图七○，1）。标本
05ZTT23④：1，腹部饰方格纹。口径28、腹径32.8。残高9.6厘米（图七○，2）。

　　Ⅱ式，10件。泥质灰陶，手制，器内壁可见凹凸不平的手抹痕迹，口沿慢轮加
工。火候较高，圆唇，沿外折，侈口，微短颈，溜肩，腹微鼓，腹以下残。饰方格纹
及戳印纹。标本05ZTT4③：4，饰方格纹。口径22、残高5.6厘米（图七○，3）。标
本05ZTT12④：5，饰方格纹。口径28、残高7.2厘米（图七○，4）。标本05ZTT7④：
23，口径28、残高6.4厘米（图七○，5）。

　　Ⅲ式，17件。口径大小不一，高矮不等，泥质灰陶，手制，器内壁可见凹凸不
平的手抹痕迹，口沿慢轮加工。火候较高，尖唇，侈口，微短颈，颈微凸，溜肩，腹
微鼓，腹下内收均残。标本05ZTT4③：6，肩腹部饰方格纹。口径20、残高8.4厘米
（图七一，1）。标本05ZTT6④：6，饰方格纹及戳印纹，口径18、腹径约24.8、残
高7.8厘米（图七一，2）。标本05ZTT4④：9，饰方格纹。口径14、腹径约18、残高
6.4厘米（图七一，3）。标本05ZTY1：28，尖唇外斜，侈口，微短颈，颈微凸，溜
肩，鼓腹，腹下内收已残，饰方格纹，施青釉，釉色已脱落，口径18、腹径约25、残
高6.8厘米（图七一，4）。

　　Ⅳ式，13件。口径大小不一，高矮不等，泥质灰陶，手制，器内壁可见凹凸不平
的手抹痕迹，口沿慢轮加工。火候较高，尖唇外斜，敞口，微短颈，溜肩，鼓腹，饰
方格纹，标本05ZTT12④：2，口径16、腹径22、残高8.8厘米（图七一，5）。标本
05ZTT11②：20，饰方格纹及弦纹，口径24、残高12.4厘米（图七一，6）。

　　Ⅴ式，13件。口径大小不一，高矮不等，泥质灰陶，手制，器内壁可见凹凸不
平的手抹痕迹，口沿慢轮加工。火候较高，斜唇，敞口，微短颈，颈微凸，溜肩，
鼓腹，饰方格纹。标本05ZTT8②：7，口径24、残高5.6厘米（图七二，1）。标本

图六九　P型陶罐

1.Ⅰ式(05ZTT3④：1)　2.Ⅱ式(05ZTT11④：12)　3.Ⅲ式(05ZTT16③：10)

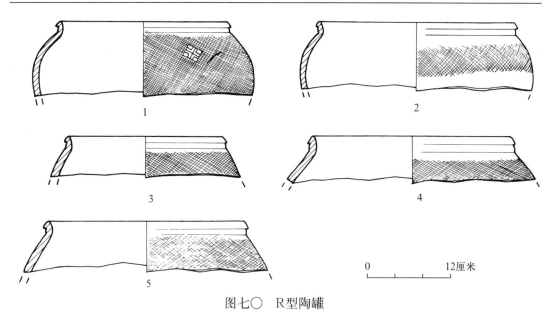

图七〇　R型陶罐

1、2.Ⅰ式(05ZTY1：19、05ZTT23④：1)

3、4、5.Ⅱ式(05ZTT4③：4、05ZTT12④：5、05ZTT7④：23)

05ZTT23②：13，口径26、腹径约34、残高7厘米（图七二，2）。标本05ZTT19②：9，口径28、残高5.2厘米（图七二，3）。

Ⅵ式，21件。口径大小不一，高矮不等，泥质灰陶，手制，器内壁可见凹凸不平的手抹痕迹，口沿慢轮加工。火候较高，圆唇外斜，敞口，微短颈，溜肩，腹微鼓，腹下内收已残，饰方格纹。标本05ZTT20③：18，口径18、腹径22、残高15.2厘米（图七二，4）。标本05ZTT10③：3，鼓腹，口径18、腹径25、残高8.6厘米（图七二，5）。标本05ZTT9③：9，饰方格纹及戳印纹，口径18、腹径约25.6、残高7.8厘米（图七二，6）。标本05ZTT22③：7，口径14、残高3.8厘米（图七二，7）。

S型　1件。05ZTT21③：2，泥质灰陶，手捏制，器内壁可见凹凸不平的手抹痕迹，口沿慢轮加工。火候较高，斜唇，敛口斜肩，腹微鼓，素面。口径30、残高5.2厘米（图七三，1）。

X型　1件。05ZTT19③：22，泥质灰陶，手捏制，器内壁可见凹凸不平的手抹痕迹，口沿慢轮加工。火候较高，平唇内凹，敛口，颈微直，溜肩，鼓腹，素面。口径28、残高4.4厘米（图七三，2）。

釜　4件。夹砂灰褐陶及红褐陶，手捏制，器内壁可见凹凸不平的手抹痕迹。火候较低，平沿方唇，敞口，束颈，溜肩，圆底，饰粗绳纹、压印方格纹和叶脉纹。标本05ZTT18③：3，残存腹部及底部，饰叶脉纹。腹径22，残高13.6厘米（图五八，

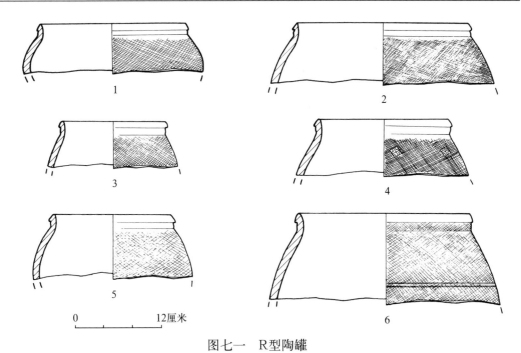

图七一 R型陶罐

1、2、3、4.Ⅲ式(05ZTT4③：6、05ZTT6④：6、05ZTT4④：9、05ZTY1：28)

5、6. Ⅳ式(05ZTT12④：2、05ZTT11②：20)

3）。05ZTT18③：1，压印方格纹，残高6厘米（图五八，4）。

四系罐 16件。分为七式。

Ⅰ式，2件。均为泥质灰陶，手制，器内壁可见凹凸不平的手抹痕迹，口沿慢轮加工。火候较高，圆唇，侈口，束领，广肩，鼓腹，肩部饰对称性桥形四耳，其中1件饰斜线方格纹。标本05ZTT7④：1，残高6.8厘米（图七四，1）。

Ⅱ式，7件。均为泥质灰陶，手制，器内壁可见凹凸不平的手抹痕迹，口沿慢轮加工。火候较高，尖唇，侈口，束颈，溜肩，鼓腹，施青釉，釉色已脱落。标本05ZTT9④：5，口径11、残高6.8厘米（图七四，2）。

Ⅲ式，1件。05ZTY1：16，均为泥质灰陶，手制，器内壁可见凹凸不平的手抹痕迹，口沿慢轮加工。火候较高，圆唇外翻，敞口，微短领，溜肩，腹微鼓，肩部饰对称性四耳，施青釉，釉色已脱落。口径20、残高6.8厘米（图七四，3）。

Ⅳ式，1件。05ZTY1：15，均为泥质灰陶，手制，器内壁可见凹凸不平的手抹痕迹，口沿慢轮加工。火候较高，圆唇，侈口，束颈，溜肩，鼓腹，肩部饰对称性四耳，饰方格纹，施青釉，釉色已脱落。口径18、残高11.6厘米（图七四，4）。

Ⅴ式，3件。其中两件饰斜线方格纹，均为泥质灰陶，手制，器内壁可见凹凸不平的手抹痕迹，口沿慢轮加工。火候较高，圆唇，侈口，微短领，溜肩，腹微鼓，

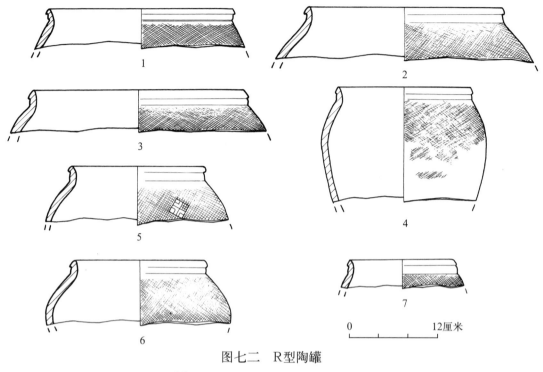

图七二　R型陶罐

1、2、3.Ⅴ式(05ZTT8②：7，05ZTT23②：13，05ZTT19②：9)
4、5、6、7.Ⅵ式(05ZTT20③：18，05ZTT10③：3，05ZTT9③：9、05ZTT22③：7)

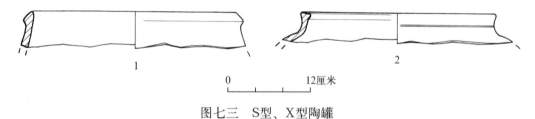

图七三　S型、Ⅹ型陶罐

1.S型罐(05ZTT21③：2)　2.Ⅹ型罐(05ZTT19③：22)

肩部饰对称性四耳。标本05ZTT14④：3，口径16、腹径24、残高9.6厘米（图七四，5）。

　　Ⅵ式，1件。05ZTY1：5，均为泥质灰陶，手制，器内壁可见凹凸不平的手抹痕迹，口沿慢轮加工.火候较高，圆唇，侈口，溜肩，腹微鼓，平底内凹，肩部饰对称性四耳，饰方格纹，施青釉，釉色已脱落。口径18厘米（图七四，6）。

　　Ⅶ式，1件。05ZTT5③：1，泥质灰陶，手制，器内壁可见凹凸不平的手抹痕迹，口沿慢轮加工。火候较高，圆唇，束颈，圆肩，鼓腹，肩饰对称性四耳，耳间饰弦纹，施青釉，釉色已脱落。口径11.2厘米（图七四，7；图版一二，5）。

　　瓮　7件。分三式。

　　Ⅰ式，1件。05ZTT20③：20，泥质灰陶，手制，器内壁可见凹凸不平的手抹痕迹，口沿慢轮加工，火候较高，尖唇，斜沿，侈口，溜肩，腹微鼓，素面。口径30、残高4.6厘米（图七五，1）。

　　Ⅱ式，3件。均为泥质灰陶，手制，器内壁可见凹凸不平的手抹痕迹，口沿慢轮加工。火候较高，圆唇外斜，敞口，微短颈，颈微凸，溜肩，鼓腹，腹下内收已残，饰方格纹及戳印纹。标本05ZTT7④：22，口径30、腹径约40、残高13.4厘米（图七五，2）。标本05ZTT22：8，饰方格纹。口径30.4、腹径约40、残高7.2厘米（图

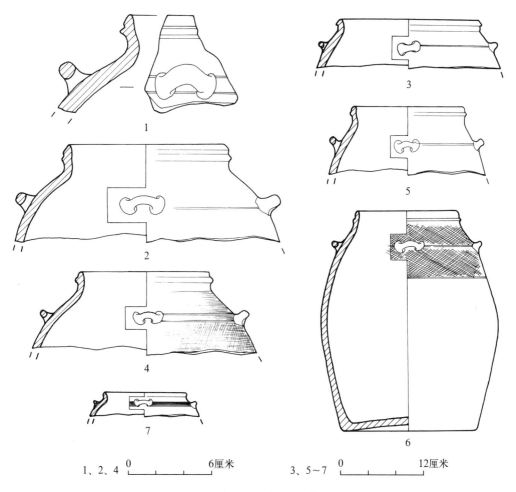

| 1、2、4 | 0 ——————— 6厘米 |
| 3、5~7 | 0 ——————— 12厘米 |

图七四　陶四系罐

1. Ⅰ式（05ZTT7④：1）　2. Ⅱ式（05ZTT9④：5）　3. Ⅲ式（05ZTY1：16）　4. Ⅳ式（05ZTY1：15）
5. Ⅴ式（05ZTT14③：3）　6. Ⅵ式（05ZTY1：5）　7. Ⅶ式（05ZTT5③：1）

七五，3）。

Ⅲ式，3件。泥质灰陶，手制，器内壁可见凹凸不平的手抹痕迹，口沿慢轮加工。火候较高。斜唇，微短颈，溜肩，鼓腹，饰方格纹。标本05ZTT11②：17，口径36、残高7.4厘米（图七五，4）。标本05ZTT8：27，饰方格纹及戳印纹。口径32、腹径约4.2、残高8.8厘米（图七五，5）。

盘　1件。05ZTY1：12，泥质灰陶，手捏制，火候较高，圆唇，撇口，斜腹，底残，口径30、残高3.6厘米（图七六，1）。

缶，1件。05ZTT9④：1，泥质灰陶，轮制。火候较高，平唇，侈口，微短领，溜肩，圆鼓腹，平底，饰方格纹及弦纹，施青釉，釉色已脱落。口径16、腹径约30、残高6厘米（图七六，2）。

盂　2件。分二式。

Ⅰ式，1件。05ZTT4④：6，泥质灰陶，手捏制。火候较高，圆唇，敛口，子母沿，外斜腹，近底部微鼓内收，底残，素面，施青釉，釉色已脱落。口径8、下腹直径10.8、残高4.2厘米（图七六，3）。

Ⅱ式，1件。05ZTT12③：13，泥质灰陶，手捏制，火候较高，斜唇，敛口，子母沿，鼓腹，腹下内收，底残，素面，施青釉，釉色已脱落。口径26、腹径30、残高6.4厘米（图七六，4）。

圈足　3件。分三式。

Ⅰ式，1件。05ZTT18④：4，泥质红陶，手捏制。火候较高，圆唇，直口，足身

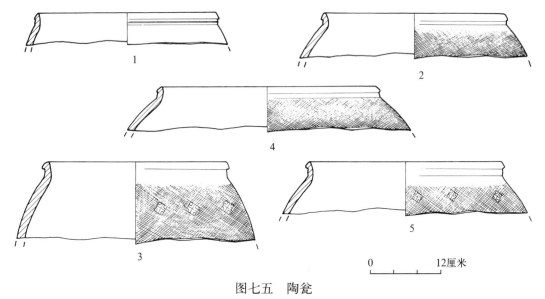

图七五　陶瓮

1．Ⅰ式(05ZTT20③：20)　2、3．Ⅱ式(05ZTT7④：22、05ZTT22：8)　4、5．Ⅲ式(05ZTT11②：17、05ZTT8：27)

外撇。底径8、残高2.9厘米（图七六，5）。

Ⅱ式，1件。05ZTT17④：3，泥质灰陶，手捏制。火候较高，圆唇，宽折沿，腹部略平直，底部外敞。底径12、残高3厘米（图七六，6）。

Ⅲ式，1件。05ZTT12②：6，泥质灰陶，手捏制。火候较高，斜唇，足身外撇，足底外敞，略呈喇叭形。底径10.6、残高4.6厘米（图七六，7）。

锥足，1件。05ZTT18②：1，泥质灰陶，手制。火候较高，圆锥体。中空，平底，直径1.6、残高4.5厘米（图七六，8）。

钵　33件。分四型。

A型　3件。分三式。

1式，1件。05ZTT19③：2，夹砂灰褐陶，手捏制，器内壁可见凹凸不平的手抹痕迹，火候较低，平沿，直腹，圜底，素面，口径16.3、高5.3厘米(图七七，1；图版一三，2）。

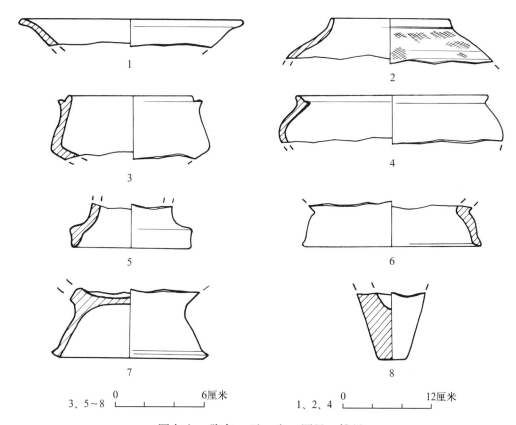

3、5~8　0 ⊢——⊣ 6厘米　　　1、2、4　0 ⊢——⊣ 12厘米

图七六　陶缶、盂、盘、圈足、锥足

1.盘(05ZTY1：12)　2.缶(05ZTT9④：1)　3、4.Ⅰ式盂(05ZTT4④：6、Ⅱ式盂(05ZTT12③：13)　5.Ⅰ式圈足(05ZTT18④：4)　6.Ⅱ式圈足(05ZTT17④：3)　7.Ⅲ式圈足(05ZTT12②：6)　8.锥足(05ZTT18②：1)

Ⅱ式，2件。夹砂褐陶，手捏制，器内壁可见凹凸不平的手抹痕迹。火候较低，圆唇，敛口，腹微鼓，圜底。标本05ZTT7③：9，口径16.8、腹径约19、残高4.6厘米（图七七，2）。

Ⅲ式，1件。05ZTY1：13，夹砂褐陶，手捏制，器内壁可见凹凸不平的手抹痕迹，火候较低，平唇，敞口略内收，浅腹内收，素面。口径26、残高3.8厘米（图七七，3）。

B型　4件。分三式。

Ⅰ式，1件。05ZTT7③：35，夹砂灰褐陶，手捏制，器内壁可见凹凸不平的手抹痕迹，火候较低，平沿，直腹，圜底，素面。口径20、高5.5厘米（图七七，4）。

Ⅱ式，2件。夹砂褐陶，手捏制，器内壁可见凹凸不平的手抹痕迹。火候较低，圆唇，敛口，腹微鼓，圜底。标本05ZTT11④：2，口径12、腹径约14、残高4.6厘米（图七七，5）。

Ⅲ式，1件。05ZTT6②：1，夹砂褐陶，手捏制，器内壁可见凹凸不平的手抹痕迹。火候较低，平唇，敞口略内收，浅腹内收，素面。口径16、残高3.8厘米（图七七，6）。

C型　6件。分二式。

Ⅰ式，3件。泥质灰陶，手制，慢轮加工。火候较高，圆唇，子母沿。敛口，双耳，斜腹内收，底残，饰水波纹，施青釉，釉色已脱落。标本05ZTT20④：5，口径20.8、残高7.6厘米（图七七，7）。

Ⅱ式，3件。泥质灰陶，手制，慢轮加工。火候较高，尖唇，子母沿，敛口，腹微鼓，腹下斜内收，底残，素面，施青釉，釉色已脱落。标本05ZTT11③：5，口径20、腹径28、残高6厘米（图七七，8）。

D型　21件。分五式。

Ⅰ式，4件。泥质灰陶，手制，慢轮加工。火候较高，圆唇，侈口，短颈微凸，折肩，斜腹内收，底残，饰弦纹，施青釉，釉色已脱落。标本05ZTT4②：1，口径20、残高3.8厘米（图七八，1）。

Ⅱ式，2件。泥质灰陶，手捏制，慢轮加工。火候较高，圆唇，敛口，折腹，饰弦纹。标本05ZTT22：4，口径20、残高2.8厘米（图七八，2）。05ZTT20③：4，泥质灰陶，手捏制。圆唇，敛口微敞，腹微鼓，饰弦纹，施青釉，釉色已脱落。口径18.4、残高3.4厘米（图七八，3）。

Ⅲ式，1件。05ZTT20④：10，泥质灰陶，手制，慢轮加工。火候较高，圆唇略外翻，敞口，短颈，折肩，腹微鼓，腹下内收，底残，饰弦纹，施青釉，釉色已脱落。残高6.1厘米（图七八，4）。

Ⅳ式，8件。泥质灰陶，手制，慢轮加工。火候较高，敛口，圆唇外翻，折腹，

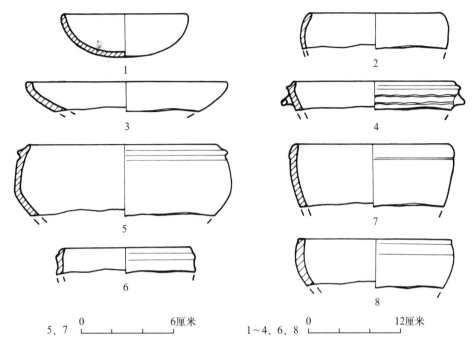

5、7　0　6厘米
1~4、6、8　0　12厘米

图七七　陶钵

1.A型Ⅰ式钵(05ZTT19③：2)　2.A型Ⅱ式钵(05ZTT7③：9)　3.A型Ⅲ式钵(05ZTY1：13)
4.B型Ⅰ式钵(05ZTT7③：35)　5.B型Ⅱ式钵(05ZTT11④：2)　6.B型Ⅲ式钵(05ZTT6②：1)
7.C型Ⅰ式钵(05ZTT20④：5)　8.C型Ⅱ式钵(05ZTT11③：5)

饰弦纹，施青釉，釉色已脱落。标本05ZTT4④：1，残高4.7厘米（图七八，5）。

　　Ⅴ式，6件。泥质灰陶，手制，慢轮加工。火候较高，圆唇外斜，敞口，短颈，腹微鼓，腹下内收，底残，饰弦纹，施青釉，釉色已脱落。标本05ZTT12④：1，残高5.6厘米（图七八，6）。

　　盆　32件。分5型。

　　A型　27件。分七式。

　　Ⅰ式，3件。泥质灰陶，手制，慢轮加工。火候较高，圆唇，侈口，腹微鼓，腹下内收，底残，施青釉，釉色已脱落。标本05ZTT8④：1，饰弦纹。口径28、腹径30、残高7.2厘米（图七九，1）。标本05ZTT6③：16，颈略凸，素面。口径28、腹径30、残高5.2厘米（图七九，2）。

　　Ⅱ式，7件。泥质灰陶，手制，慢轮加工。火候较高，尖唇，斜沿，敛口，腹微鼓，腹下内收，底残，素面，施青釉，釉色已脱落。标本05ZTY1：11，口径26.4、腹径27.6、残高5.6厘米（图七九，3）。标本05ZTT8②：1，平唇内斜，饰弦纹，口径21.6、腹径22、残高3.2厘米（图七九，4）。标本05ZTT20④：8，圆唇，敛口，

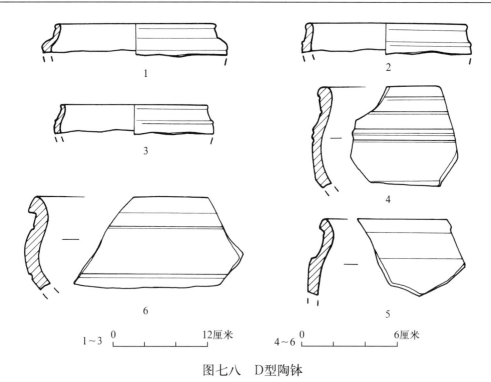

图七八　D型陶钵

1. I 式(05ZTT4②：1)　2、3. II 式(05ZTT22：4、05ZTT20③：4)　4. III 式(05ZTT20④：10)
5. IV式(05ZTT4④：1)　6. V 式(05ZTT12④：1)

饰弦纹，口径24、腹径25、残高4厘米（图七九，5）。

III式，1件。05ZTT24③：13，泥质灰陶，手制，慢轮加工。火候较高，尖唇，沿内斜，敛口，直颈，腹下斜内收，底残，饰弦纹，口径32、腹径34、残高6.2厘米（图七九，6）。

IV式，5件。泥质灰陶，手制，慢轮加工。火候较高，平唇外斜，侈口，束颈，圆腹内收，底残，饰弦纹，施青釉，釉色已脱落。05ZTT19③：4，口径30.2、腹径31.2、残高7.2厘米（图七九，7）。05ZTT16②：3，口径20.2、腹径22、残高6.6厘米（图七九，8）。

V式，3件。泥质灰陶，手制，慢轮加工。火候较高，平唇，敛口，束颈，折肩，斜腹内收，平底略凹，饰弦纹，施青釉，釉色已脱落。标本05ZTY1：4，口径27、腹径28.4、底径20.4、高10.4厘米（图八〇，1；图版一三，1）。标本05ZTT22②：3，口面饰一圈波浪纹，口径18.2、腹径17.6、残高5.4厘米（图八〇，2）。标本05ZTT20④：3，平唇，斜腹内收，饰弦纹，口径24、残高3.6厘米（图八〇，3）。

VI式，6件。口径大小不一，高矮不等，均泥质灰陶，手制，慢轮加工。火候较高，平唇，敛口，束颈，溜肩，斜腹内收，底残，饰弦纹，施青釉，釉色已脱落。标本05ZTT11④：8，口径38、腹径40、残高8.8厘米（图八〇，4），标本05ZTT8③：2，口径18、腹径20、残高4厘米（图八〇，5）。

Ⅶ式，1件。05ZTT17：4，泥质灰陶，手捏制，慢轮加工。火候较高，平唇，侈口，微短领，鼓腹。口径20、残高4.8厘米（图八〇，6）。

Ⅷ式，1件。05ZTT6③：2，泥质灰陶，手制，慢轮加工。火候较高，平唇，侈口微敞，直颈，折腹，腹下残，饰弦纹，口径32、残高4.2厘米（图八〇，7）。

B型 1件。标本05ZTY1：11，泥质灰陶，手捏制，慢轮加工。火候较高，平唇，侈口，微短领，折腹下内收，饰弦纹，施青釉，釉色已脱落。口径28、残高5.4厘米（图八一，1）。

C型 1件。05ZTT23④：1，泥质灰陶，手制，慢轮加工。火候较高，斜唇，敞口，斜腹，腹下折内收，饰弦纹，施青釉，釉色已脱落。口径18、残高48厘米（图八一，2）。

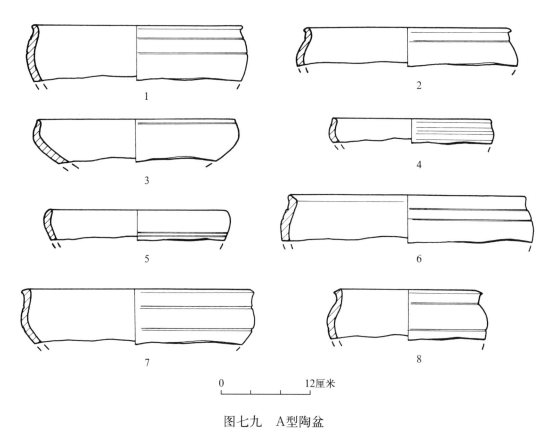

图七九 A型陶盆

1、2.Ⅰ式(05ZTT8④：1、05ZTT6③：16) 3、4、5.Ⅱ式(05ZTY1：11、05ZTT8②：1、05ZTT20④：8)
6.Ⅲ式(05ZTT24③：13) 7、8.Ⅳ式(05ZTT19③：4、05ZTT16②：3)

D型　1件。05ZTT20④：11，泥质灰陶，手制，慢轮加工。火候较高，尖唇，大敞口，斜腹，底残，饰弦纹。口径30、残高6.4厘米（图八一，3）。

E型　2件。泥质灰陶，手捏制，慢轮加工，火候较高，平唇，侈口，束颈，鼓腹，腹下内收，标本05ZTT8④：1，饰方格纹，口径24、残高4.3厘米（图八一，4）。

碗　15件。分九式。

Ⅰ式，2件。泥质灰陶，手制，慢轮加工。火候较高，尖唇，侈口，直腹下内收已残，素面，施青釉，釉色已脱落。标本05ZTT23④：4，口径15.6、腹径16、残高5.8厘米（图八二，1）。

Ⅱ式，2件。泥质灰陶，手制，慢轮加工。火候较高，圆唇，敞口，折腹，假圈

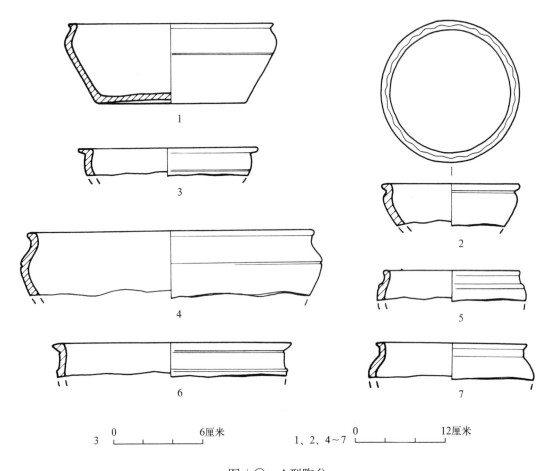

图八〇　A型陶盆

1、2、3.Ⅴ式(05ZTY1：4、05ZTT22②：3、05ZTT20④：3)　4、5.Ⅵ式(05ZTT11④：8、05ZTT8③：2)
6.Ⅶ式(05ZTT17：4)　7.Ⅷ式(05ZTT6③：2)

足，饰弦纹，标本05ZTT15④：2，口径16、腹径16.8、高7.6厘米（图八二，2；图版一三，3）。

Ⅲ式，1件。05ZTT23③：6，泥质灰陶，手制，慢轮加工。火候较高，斜唇，敛口，腹下内收，底残，素面。口径14、残高3.8厘米（图八二，3）。

Ⅳ式　3件。泥质灰陶，手制，慢轮加工。火候较高，圆唇。敛口，斜腹内收，底残，2件饰刻划纹，施青釉，釉色已脱落。标本05ZTT19③：17，口径16、残高4厘米（图八二，4）。

Ⅴ式，2件。泥质灰陶，手制，慢轮加工。火候较高，平唇，敛口，腹微鼓，腹下内收，底残，一件饰弦纹。标本05ZTT23③：16，口径16、腹径16.4、残高3.8厘米（图八二，5）。

Ⅵ式，1件。05ZTT11③：1，泥质灰陶，手制，慢轮加工。火候较高，圆唇，侈口，腹微鼓，腹下内收，底残，饰弦纹，施青釉，釉色已脱落。口径24、腹径25.2、残高8.4厘米（图八二，6）。

Ⅶ式，1件。05ZTT20③：9，泥质灰陶，手制，慢轮加工。火候较高，平唇，直口，腹微凸，腹下已残，饰水波纹及弦纹，施青釉，釉色已脱落。口径20、腹径21.6、残高3.8厘米（图八二，7）。

Ⅷ式，1件。05ZTT17②：1，泥质灰陶，手制，慢轮加工。火候较高，平唇，敞口，斜腹下内收，底残，饰弦纹，施青釉，釉色已脱落。口径18、残高3.2厘米（图八二，8）。

Ⅸ式，2件。泥质灰陶，手制，慢轮加工。火候较高，尖唇，敛口，斜腹内收，

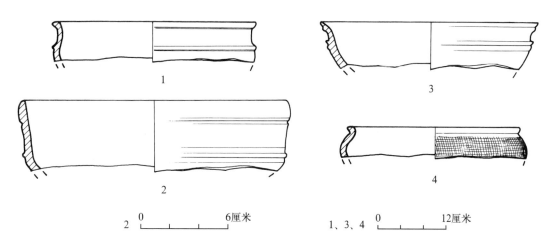

图八一　B型、C型、D型、E型陶盆
1.B型盆(05ZTY1：11)　2.C型盆(05ZTT23④：1)　3.D型盆(05ZTT20④：11)　4.E型盆(05ZTT8④：1)

底残，素面。标本05ZTT17②：3，口径17.2、残高5.2厘米（图八二，9）。

　　杯　10件。分六式。

　　Ⅰ式，2件。泥质灰陶，手捏制，慢轮加工。火候较高，圆唇，敞口，斜直腹，饰弦纹，05ZTT24④：2，残高3.2厘米（图八三，1）。

　　Ⅱ式，1件。泥质灰陶，手捏制，慢轮加工。火候较高，圆唇，唇边较宽，敛口，直腹微外斜。05ZTT20④：1，口径21.6、腹径22.8、残高4.6厘米（图八三，2）。

　　Ⅲ式，2件。泥质灰陶，手捏制，慢轮加工。火候较高，尖唇，敞口，斜腹内收，饰弦纹，施青釉，釉色已脱落。标本05ZTY1：1，口径20、残高5.2厘米（图八三，3）。标本05ZTY1：2，口径16、残高8.4厘米（图八三，4）。

　　Ⅳ式，3件。泥质灰陶，手捏制，慢轮加工。火候较高，圆唇，敞口，斜腹内收，饰弦纹，施青釉，釉色已脱落。标本05ZTT20③：5，口径20、残高4.4厘米（图八三，5）。标本05ZTT11②：7，口径18、残高4.8厘米（图八三，6）。

　　Ⅴ式，1件。05ZTT18②：3，泥质灰陶，手捏制，慢轮加工。火候较高，圆唇，敞口，折腹内收，口径12、残高4.2厘米（图八三，7）。

　　Ⅵ式，1件。05ZTT22③：13，泥质灰陶，手捏制，慢轮加工。火候较高，带流

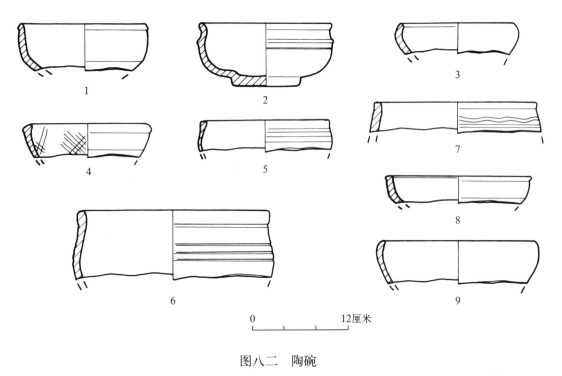

0　　　　　　　　　12厘米

图八二　陶碗

1. Ⅰ式(05ZTT23④：4)　2. Ⅱ式(05ZTT15④：2)　3. Ⅲ式(05ZTT23③：6)　4. Ⅳ式(05ZTT19③：17)　5. Ⅴ式(05ZTT23
③：16)　6. Ⅵ式(05ZTT11③：1)　7. Ⅶ式(05ZTT20③：9)　8. Ⅷ式(05ZTT17②：1)　9. Ⅸ式(05ZTT17②：3)

杯，尖唇，斜嘴，敞口斜腹，残存杯嘴，残高3.8厘米（图八三，8）。

器盖　11件。分九式。

Ⅰ式，2件。口径大小不一，泥质灰陶，手捏制。火候较高，双唇，子母口，顶略呈三角形，顶尖残，施青釉，釉色已脱落。标本05ZTY1：6，口径12.4、残高2.6厘米（图八四，1）。标本05ZTT20④：2，内口径8.4、外口径12、残高2.6厘米（图八四，2）。

Ⅱ式，1件。05ZTT22③：12，泥质灰黄陶，手捏制。火候较高，子母口，弧形顶，顶端残，表面圆圈纹，施米黄色釉。口径9、残高2.4厘米（图八三，3）。

Ⅲ式，1件。05ZTT13③：1，泥质灰陶，手捏制。火候较高，子母口，盖边方形上翘，弧形顶，顶端残。口径18、残高2.6厘米（图八四，4）。

Ⅳ式，1件。05ZTT5③：3，泥质灰陶，手捏制。火候较高，方唇，直口，弧形顶，顶端残，表面施米黄色釉，口径12、残高3.5厘米（图八四，5）。

Ⅴ式，1件。05ZTT3④：5，泥质灰黄陶，手捏制。火候较高，平唇略内凹，敞口，顶略弧，顶端残。口径16、残高2.4厘米（图八四，6）。

Ⅵ式，1件。05ZTY1：3，泥质灰陶，手捏制。火候较高，子母口，弧形顶，顶面弦纹，表面施米黄色釉。口径26、高5厘米（图八五，1）。

Ⅶ式，1件。05ZTT20④：9，泥质灰陶，手捏制。火候较高，尖唇，子母口，弧形顶，顶端残。口径11、残高2.8厘米（图八五，2）。

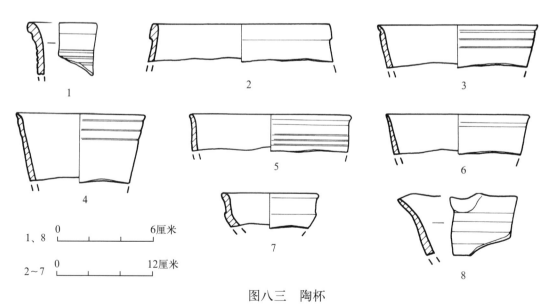

图八三　陶杯

1.Ⅰ式(05ZTT24④：2)　2.Ⅱ式(05ZTT20④：1)　3、4.Ⅲ式(05ZTY1：1、05ZTY1：2)
5、6.Ⅳ式(05ZTT20③：5、05ZTT11②：7)　7.Ⅴ式(05ZTT18②：3)　8.Ⅵ式(05ZTT22③：13)

Ⅷ式，1件。05ZTT4③：7，泥质灰陶，手捏制。火候较高，子母口，弧形顶，顶端残，盖面饰弦纹，表面施米黄色釉，外口径24，内口径20、残高3.8厘米（图八五，3）。

Ⅸ式，2件。泥质灰陶，手捏制。火候较高，子母口，弧形顶，顶端残，盖面饰刻划纹和波浪纹，表面施米黄色釉，标本05ZTT24：3，口径20、残高3.2厘米（图八五，4）。

残板瓦　1件。05ZTT3④：1，泥质灰陶，手制，表面饰粗绳纹，残长7.2、厚2.3厘米。

网坠　243件。均为手捏制，多数为泥质灰陶，由于烧窑温度掌握不稳也有灰红兼杂。可分为五型。

A型　1件。05ZTY1：15，圆锥形。实心，无穿，上细下粗，两端平整，呈圆锥状。泥质灰褐陶，色纯而火候均匀，近上端有一道凹槽以便拴绳。长2.5、直径1.6～0.9厘米(图八六，1；图版一四，1)。

B型　1件。05ZTT12③：9，椭圆形。泥质灰陶。色纯而火候均匀。中部饰有十字凹槽以便系绳。直径4.9～5.2、凹槽深0.4厘米(图八六，2；图版一四，2)。

C型　87件。分三式。

Ⅰ式，83件。六棱形，其中完整73件，方形，大小不等，长短不一，灰陶，火候

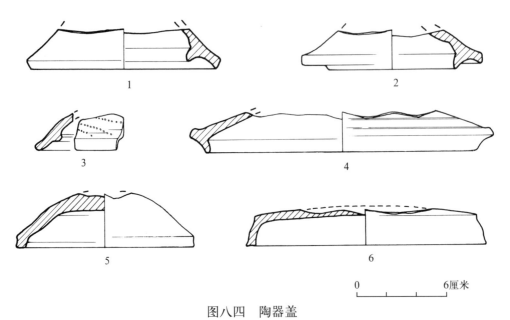

图八四　陶器盖

1、2.Ⅰ式(05ZTY1：6、05ZTT20④：2)　3.Ⅱ式(05ZTT22③：12)　4.Ⅲ式(05ZTT13③：1)
5.Ⅳ式(05ZTT5③：3)　6.Ⅴ式(05ZTT3④：5)

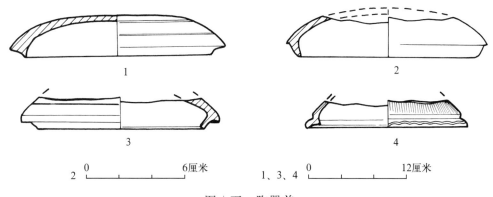

2　0 ————————— 6厘米
1、3、4　0 ————————— 12厘米

图八五　陶器盖

1.Ⅵ式(05ZTY1：3)　2.Ⅶ式(05ZTT20④：9)　3.Ⅷ式(05ZTT4③：7)　4.Ⅸ式(05ZTT24：3)

均匀，形制呈长方棱形，横断面呈六棱形，中间一侧饰斜面凹槽，两端各饰一道斜面凹槽以便栓绳。标本05ZTY1：22，长3.1、宽2.2、厚1.8厘米（图八六，3）。

Ⅱ式，2件。长方四棱形，泥质灰陶，手捏制，火候均匀，横断面呈六棱形，两端各饰一道斜面凹槽以便栓绳。标本05ZTY1：16，长2.4、宽1.8、厚1.4厘米（图八六，4；图版一四，6）。

Ⅲ式，2件。长方形，泥质灰陶，手捏制，火候均匀，横断面呈椭圆形，近两端各饰一道凹槽，以拴绳。标本05ZTT2②：1，长2.8、宽1.9、厚1.4厘米（图八六，5；图版一四，3）。

D型　1件。05ZTT8：1，圆锥形，泥质灰陶，手捏制，火候均匀，形状上尖下大，中间粗，实心，横断面呈圆形，无系绳凹槽，长3.5、直径1.6厘米（图八六，6；图版一四，4）。

E型　153件。分九式。

Ⅰ式，2件。椭圆形，泥质灰陶，手捏制，火候均匀，两端圆，中间粗，中部饰竖孔，标本05ZTT10：2，长2.7、直径1.9厘米（图八七，1）。

Ⅱ式，12件。锥形，泥质灰陶，手捏制，火候均匀，上小下大略呈圆柱体，中部饰竖孔，标本05ZTT15③：4，长2.6、直径1.3厘米（图八七，2）。

Ⅲ式，3件。略呈圆柱体，泥质灰陶，手捏制，火候均匀，中部饰竖孔，标本05ZTT10②：1，残断，残长1.8、直径1.4厘米（图八七，3）。

Ⅳ式，1件。标本05ZTT20④：4，上细下粗呈坠形，中饰竖孔。长5.4、直径1.8厘米（图八七，4）。

Ⅴ式，10件。大小不一，长短不等，两端圆，中间较两端略粗，标本05ZTT22：2，长3.8、直径2厘米（图八七，5；图版一四，5）。

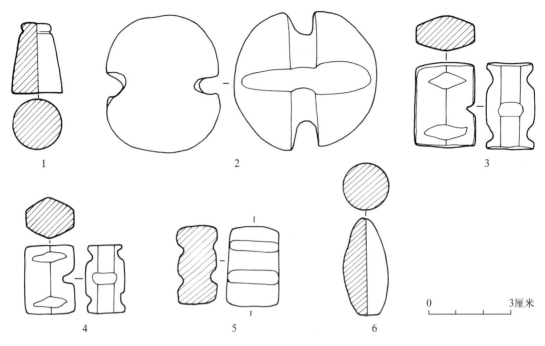

图八六　A型、B型、C型、D型陶网坠

1.A型(05ZTY1：15)　2.B型(05ZTT12③：9)　3.C型Ⅰ式(05ZTY：22)　4.C型Ⅱ式(05ZTY1：16)
5.C型Ⅲ式(05ZTT2②：1)　6.D型(05ZTT8：1)

Ⅵ式，11件。与Ⅴ式相似，标本05ZTY1：20，长3.3、直径1.3～1.8厘米（图八七，6）。标本05ZTY1：18，长2.3、直径1厘米（图八七，7）。标本05ZTT23③：2，长3.4、直径1.8厘米（图八七，8）。标本05ZTY1：20，长4.6厘米（图八七，6）。

Ⅶ式，6件。橄榄形，中间粗两端细，形制大体相同，长短不一，粗细不等，均为泥质灰陶。标本05ZTY1：21，长4.8、直径1.8厘米（图八八，1；图版一四，9）。

Ⅷ式，41件。瘦长形，长条管状，标本05ZTT17④：6，长4.3、直径1厘米（图八八，2；图版一二，7）。标本05ZTT19②：3，长3.4、直径1.1厘米（图八八，3）。

Ⅸ式，67件。呈梭形，形状大小不一，粗细不等，上细下粗，中间较粗，中间饰竖穿孔，标本05ZTT20④：5，长6、中部直径1.8厘米（图八八，4；图版一四，8），标本05ZTT22③：14，长4.2、直径1.2厘米（图八三，5）。标本05ZTT18：1，长3.5、直径1.5厘米（图八八，6）。

纺轮　8件。分五式。

Ⅰ式，2件。泥质灰陶，手制，扁平，圆形，边缘微鼓，中部有穿孔。05ZTT8④：2，直径2.8、厚1.9厘米（图八九，1）。

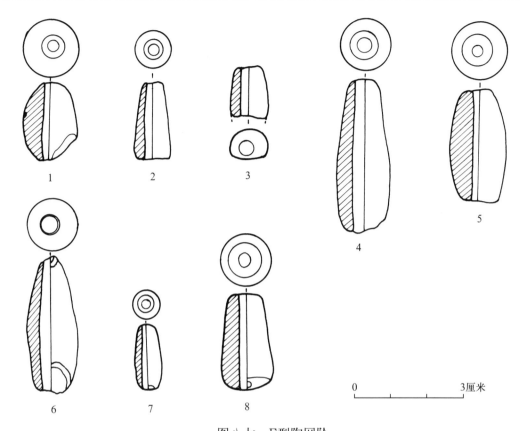

图八七　E型陶网坠

1. Ⅰ式05ZTT10：2　2. Ⅱ式05ZTT15③：4　3. Ⅲ式05ZTT10②：1　4. Ⅳ式05ZTT20④：4
5. Ⅴ式05ZTT22：2　6、7、8. Ⅵ式05ZTY1：20、05ZTY1：18、05ZTT23③：2

　　Ⅱ式，1件。05ZTT11：1，六棱形，泥质灰陶，两端平整，中穿一圆孔，中部直径3.3、高2.75厘米（图八九，2）。

　　Ⅲ式，1件。泥质灰陶，圆饼形，形制扁平，多为素面，中穿一圆孔，05ZTT20④：16，面饰阴线十字纹。直径3.2、厚1.2厘米（图八九，3；图版一三，4）。

　　Ⅳ式，1件。05ZTT3④：5，两面平整，中间鼓呈棱形，中部饰穿孔。直径2.7、厚1.7厘米（图八九，4）。

　　Ⅴ式，3件。形似算珠，泥质灰陶，轮制，两面平整，中部有穿孔，05ZTT20④：19，直径2.2、厚1.3厘米（图八九，5）。

　　陶珠　3件。圆形，实心体，形状大小不一，有泥质红陶和灰陶两种，手捏制，标本05ZTT23③：4，直径1.5厘米（图八九，6）。

　　陶刀　1件。05ZTT3：1，泥质红陶，手制，整体呈椭圆形，一面平整，一面

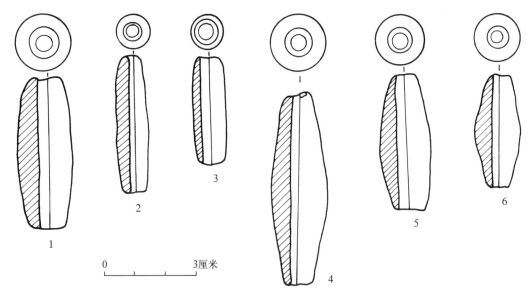

0　　　　　　　　3厘米

图八八　E型陶网坠

1.Ⅶ式05ZTY1：21　2、3.Ⅷ式05ZTT17④：6、05ZTT19②：3
4、5、6.Ⅸ式05ZTT20④：5、05ZTT22③：14、05ZTT18：1

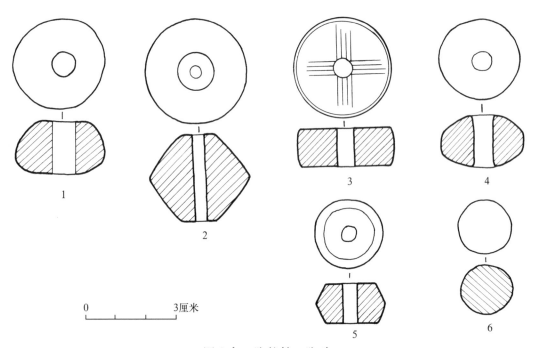

0　　　　　　　　3厘米

图八九　陶纺轮、陶珠

1.Ⅰ式纺轮(05ZTT8④：2)　2.Ⅱ式纺轮(05ZTT11：1)　3.Ⅲ式纺轮(05ZTT20④：16)　4.Ⅳ式纺轮(05ZTT3④：5)
5.Ⅴ式纺轮(05ZTT20④：19)　6.陶珠(05ZTT23③：4)

略弧，背略凹，单面刃，右侧残断，中部饰双穿孔，以便系绳戴在手上，残长4、宽3.5、厚1.1厘米（图五三，8；图版一三，5）。

封泥（陈棕信事） 1枚。05ZTT20③：10，四方形，泥质灰陶，其中一侧残缺，印面阴刻篆书："陈棕信事"，每边长1.5、高1厘米（图版一三，6)。

四 铜 器

田脚脚遗址共发现青铜器81件。有弩机（图版一五，1）、箭镞、蒺藜、扣饰、带扣、泡钉、手镯、顶针、指环、耳环、簪、铜铃、砝码、凿、销子、器柄、漆耳杯残件、铜饰件、铜镜等（表9）。

表9 田脚脚遗址铜器型式统计表

序号	名称	型	层位	式	备注
1	铜弩机		④	Ⅰ Ⅱ Ⅲ Ⅳ Ⅴ	
2	铜箭镞		①	Ⅰ Ⅶ	
			②	Ⅳ Ⅴ	
			③	Ⅶ Ⅻ	
			④	Ⅱ Ⅲ Ⅳ Ⅶ Ⅷ Ⅸ Ⅹ Ⅺ	
3	铜扣饰		④	Ⅰ Ⅱ Ⅲ Ⅳ	
4	铜泡钉		④	Ⅰ	
5	铜带扣		③	Ⅰ	
6	铜手镯		①	Ⅰ Ⅲ Ⅶ	
			②	Ⅳ Ⅵ	
			③	Ⅱ Ⅴ	
			④	Ⅷ	
7	铜顶钉		④	Ⅰ	
8	铜指环		④	Ⅰ	
9	铜耳环		②	Ⅰ Ⅲ	
			④	Ⅱ	
10	铜砝码		③	Ⅰ	
11	铜凿		③	Ⅰ	
12	铜销钉		③	Ⅰ	
			④	Ⅰ	
13	铜器柄		④	Ⅰ	
14	铜漆耳杯		④	Ⅰ Ⅱ	

弩机　9件（图版一五，1）。分五式。

Ⅰ式，2件。形状、大小不等，现存郭，有望山，栓塞孔，其中一件郭两面饰凹线三角纹。05ZTT22④：7，长5.1、宽3.5、高1.7厘米（图九〇，1；图版一五，2）。

Ⅱ式，1件。05ZTT22④：2，长5.1、宽3.6、高2.4厘米（图九〇，2；图版一五，3）。

Ⅲ式，2件。无郭，有望山，无刻度，身前端略呈燕尾形，后端呈长方形。标本05ZTT22④：5，长3.5、宽3.1厘米（图九〇，3；图版一五，4）。

Ⅳ式，1件。05ZTT22④：6，由郭、悬刀、钩心、牙、望山、栓塞组成，身前端略呈燕尾形，后端呈长方形。悬刀上饰四道阴线纹，长5.2、前端宽3.1~1.1、悬刀长5.2厘米（图九〇，4；图版一五，5），

Ⅴ式，3件。形状分大、中、小，无郭，有望山，无刻度，身前端略呈燕尾形，后端呈长方形。标本05ZTT22④：4，长3.4、宽2.7、高1.6厘米（图九〇，5；图版一五，6）。

铜箭镞　31件。分12式。

Ⅰ式，9件。其中残断8件。一侧后锋刃边已残，镞身呈三棱形，棱之间饰两道血槽，镞尖锋利，三翼较长，后锋有倒刺，圆形筒銎，中空，銎直达前锋，个别镞铤饰有一小孔。标本05ZTT24④：5，长5.8、铤长3.3、倒刺长0.15、铤长2.5、身宽0.8厘米（图九一，1；图版一六，1）。

Ⅱ式，2件。一侧后锋刃边已残，镞身呈三棱形，棱之间饰两道血槽，镞尖锋利，三翼较长，后锋有倒刺，圆形筒銎，中空。标本05ZTT8④：4，通长4.6、镞身长3、銎长1.6、銎径0.6厘米（图九一，2；图版一六，2）。

Ⅲ式，2件。其中1件刃锋及銎已残，标本05ZTY1：2，镞身呈三棱形，棱之间饰两道血槽，镞尖锋利，三翼较长，后锋有倒刺，圆形筒銎，中空，銎直达前锋。通长5、镞身长3、倒刺长0.2、銎长2、銎径0.6厘米（图九一，3；图版一六，3）。

Ⅳ式，1件。05ZTT14②：2，镞身呈三棱形，棱之间饰两道血槽，镞尖锋利，三翼较短，后锋有倒刺，略残，圆形筒銎，中空。通长4.3、镞身残长2、銎长2.3、銎径0.6厘米（图九一，4；图版一六，4）。

Ⅴ式，1件。05ZTT18②：5，锋刃已残，镞身呈三棱形，铤圆柱体，实心，无血槽，无倒刺。残长3.7、镞身长2.5、铤残长1.2、铤直径0.4厘米（图九一，5；图版一六，5）。

Ⅵ式，1件。05ZTT17④：1，镞身呈三棱形，无血槽，无倒刺，整体圆润光滑，铤圆柱体，实心。全长5、镞身长3.9、铤残长0.9、铤直径0.6厘米（图九一，6；图

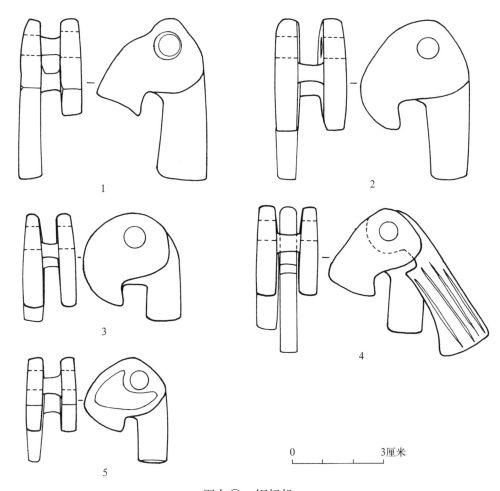

图九〇　铜弩机

1. I 式(05ZTT22④∶7)　2. II式(05ZTT22④∶2)　3. III式(05ZTT22④∶5)
4. IV式(05ZTT22④∶6)　5. V式(05ZTT22④∶4)

版一六，6）。

VII式，8件。大小不等，三棱形，断面呈等腰三角形，关呈六棱形，铤呈圆柱体，实心。其中3件箭尾残断。标本05ZTT20④∶10，通长6.5、镞身长2、关长0.5、铤残长4厘米（图九一，7）。标本05ZTT6③∶4，通长6.2、镞身长2、关长0.5、铤残长3.7厘米（图九一，8）。标本05ZTT3④∶1，镞身两侧饰血槽，全长7.2、镞身长1.9、关长0.3、铤残长5厘米（图九二，1；图版一七，1）。标本05ZTT6③∶1，一侧饰血槽。残长2.9、镞身长1.6、关长0.5、铤残长0.7厘米（图九二，2）。标本05ZTT3④∶7，镞身一侧饰血槽。残长2.9、镞身长1.7、关长0.5、铤残长0.7厘米（图九二，3）。

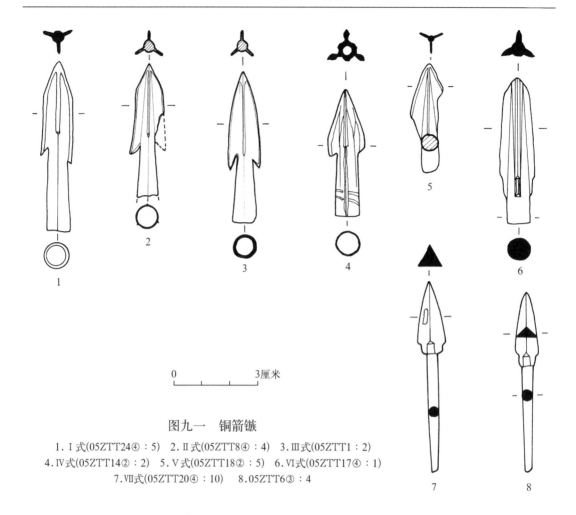

0 ⊢━━━┿━━━┥ 3厘米

图九一　铜箭镞

1. Ⅰ式(05ZTT24④：5)　2.Ⅱ式(05ZTT8④：4)　3.Ⅲ式(05ZTT1：2)
4.Ⅳ式(05ZTT14②：2)　5. Ⅴ式(05ZTT18②：5)　6.Ⅵ式(05ZTT17④：1)
7.Ⅶ式(05ZTT20④：10)　8.05ZTT6③：4

　　Ⅷ式，1件。05ZTT8④：12，镞身呈三棱形，镞尖圆，似弹头形，关六棱形，铤残。残长3.8、镞长2.3、关长0.8、铤残长0.3厘米（图九二，4；图版一七，2）。

　　Ⅸ式，1件。05ZTT20④：18，镞刃及銎残缺，镞身瘦长，呈三棱形，棱间饰血槽，銎残圆柱形，空心。镞残长3厘米（图九二，5；图版一七，3）。

　　Ⅹ式，1件。05ZTT8④：3，镞身呈三棱形，一面饰三角形血槽，关及铤均残断。残长3.4厘米（图九二，6；图版一七，4）。

　　Ⅺ式，1件。05ZTT2④：7，镞身呈四棱形，关六棱形，铤呈圆柱形，通长6.25、镞长2、关长0.8、铤长3.5厘米（图九二，7；图版一七，5）。

　　Ⅻ式，3件。05ZTT16③：1，镞身瘦长，形制与Ⅷ式相似，通长2.8、关长0.5厘米（图九二，8；图版一七，6）。

　　蒺藜　1件。05ZTY1：6，四刺，中部饰一穿。长3.2厘米（图九二，9）。

扣饰　7件。其中2件残，分为四式。

Ⅰ式，2件。帽作球面状，中心隆起，球面边沿四周作圆盘，并饰两道弦纹，内侧中部饰凹坑，凹处饰一横梁，通体鎏金。标本05ZTT22④：1，盘径7、高1.6厘米（图九三，1；图版一八，5）。

Ⅱ式，2件。帽作球面状，中心隆起，顶部呈锥形，球面边沿四周作圆盘，有平折略外翻的边沿，内侧中部饰凹坑，内有一横梁，通体鎏金，标本05ZTT22④：4，直径6.8厘米（图九三，2；图版一八，6）。

Ⅲ式，3件。形制呈凹顶状，面略呈弧形，中心内凹饰孔，有平折内敛，四周边沿饰锯齿纹，里侧向内凹，中部向外鼓凸，饰六道阴线纹，通体鎏金，标本05ZTT22④：3，直径4.9、高0.6厘米（图九三，3；图版一八，7）。

Ⅳ式，2件。05ZTT7④：3，铸造，方形，面饰一长钉，平面饰对称性四孔，边长2、厚0.2、钉长0.9厘米（图九三，4；图版一八，3）。

泡钉　1件。05ZTT21④：1，半球状钉帽，有窄边平沿，底部中间有一锥形钉通高1.2、帽径2.2厘米（图九三，5，图版一八，2）。

带扣　1件。青铜铸造，05ZTT6③：6，长方形，铸造，素地无纹。一头宽一头窄，略呈梯形。通长3.2、宽1.6~1.1厘米（图九三，6；图版一八，4）。

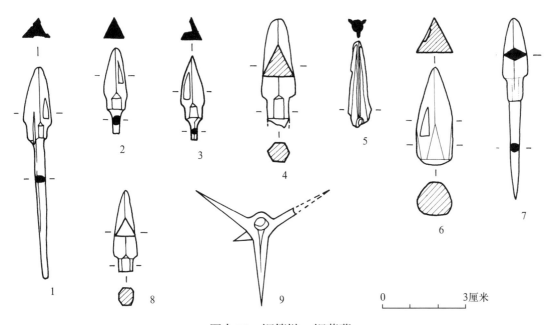

图九二　铜箭镞、铜蒺藜

铜箭镞：1、2、3.Ⅶ式(05ZTT3④：1、05ZTT6③：1、05ZTT3④：7)　4.Ⅷ式(05ZTT8④：12)　5.Ⅸ式(05ZTT20④：18)　6.Ⅹ式(05ZTT8④：3)　7.Ⅺ式(05ZTT2④：7)　8.Ⅻ式(05ZTT16③：1)　9.蒺藜(05ZTY1：6)　(1~8为镞)

手镯　10件。分八式。

I式，1件。05ZTT11：3，残段，宽边形，用铜皮锻打弯曲成圆形，表面无纹。直径5.3、边宽1.5厘米，直径4.4、边宽0.7厘米（图九四，1）。

II式，2件。一件残，一件完整，边比I式略窄，系铜皮锻打弯曲成圆形，素面无纹，标本05ZTT8③：5，直径4.6、宽1、厚0.3厘米（图九四，2；图版一九，1）。标本05ZTT4③：1，残断，直径4.7、宽0.7厘米（图九四，3）。

III式，1件。05ZTT24：1，残断二分之一，铸造，横断面呈椭圆形，素地无纹，

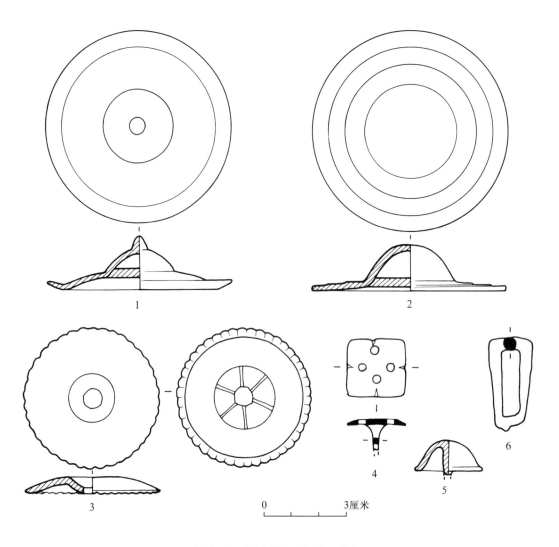

图九三　铜扣饰、泡钉、带扣

扣饰:1.I式扣饰(05ZTT22④：1)　2.II式扣饰(05ZTT22④：4)　3.III式扣饰(05ZTT22④：3)
4.IV式扣饰(05ZTT7④：3)　5.泡钉(05ZTT21④：1)　6.带扣(05ZTT6③：6)

直径约4.5、宽0.7厘米（图九四，4，图版一九，2）。

Ⅳ式，1件。05ZTT4②：1，宽边形，残断，铸造锻打而成。面阴线几何形花纹。直径5.4、宽1.5厘米（图九四，5；图版一九，3）。

Ⅴ式，2件。均残断，系方形铜皮锻打弯曲呈圆形，表面光滑无纹，剖面呈长方形，残存二分之一。05ZTT15③：2，直径4.2、宽0.8、厚0.48厘米（图九五，1）。

Ⅵ式，1件。均残断，系铜条弯曲呈圆形，横断面呈圆形，表面光滑无纹。05ZTT22②：11，直径7.2、宽0.3厘米（图九五，2；图版一九，4）。

Ⅶ式，1件。05ZTT7：2，残断，横断面呈D形，表面铸造有蝉纹。直径2.4、宽0.4厘米（图九五，3）。

Ⅷ式，1件。残存三分之一，断面圆柱形，系圆柱形铜条弯曲而成，05ZTT5④：2，直径约3、宽0.6厘米（图九五，4）。

顶针 2件。薄面无接缝，其中1件表面饰有未穿的小凹， 05ZTT19④：1，直径1.8、宽1厘米（图九六，1）。

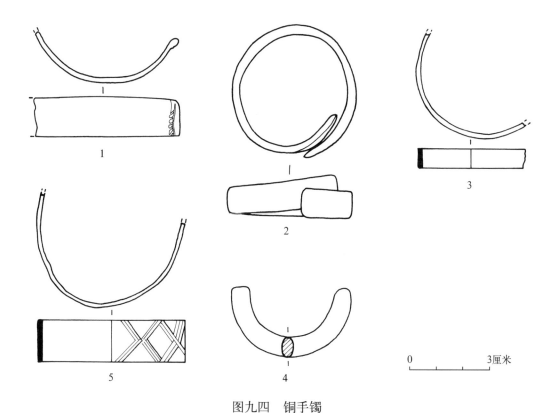

图九四 铜手镯

1. Ⅰ式(05ZTT11：3) 2、3.Ⅱ式(05ZTT8③：5、05ZTT4③：1) 4.Ⅲ式(05ZTT24：1) 5.Ⅳ式(05ZTT4②：1)

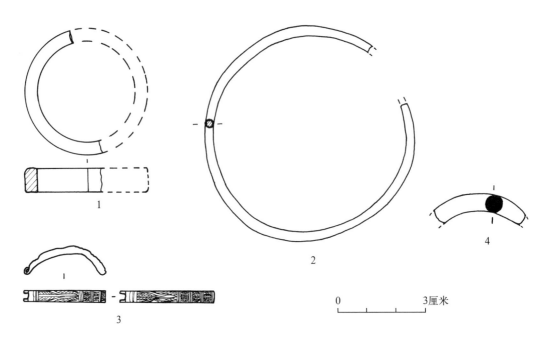

指环　1件。薄而无接缝，05ZTT17④：10，表面阴刻麦穗纹，直径2.2、宽1.1厘米（图九六，2；图版一九，7）。

耳环　4件。分三式。

Ⅰ式，2件。1件残断，椭圆形，一侧有开口，两端饰穿孔，05ZTT3②：1，直径1.6厘米（图九六，3）。

Ⅱ式，1件。05ZTT14④：9，圆圈形，一侧开口，铜条弯曲而成，直径1.2厘米（图九六，4）。

Ⅲ式，1件。05ZTT20②：6，耳环为细铜丝弯曲而成，耳环上部系细铜弯曲钩便于系在耳朵上，通长2.5、直径0.8厘米（图九六，5）。

簪　3件。铸造，分2式。

Ⅰ式，1件。05ZTT5②：1，扁平状，上宽下窄，下部残断，表面为绿锈。残长7.6、宽0.9厘米（图九六，6）。

Ⅱ式，2件。粗细不等，形状上粗下细呈圆锥形，05ZTT10④：3，残长4、直径0.4厘米，05ZTT10④：3，长6.3、直径0.3厘米（图九六，7）。

铃　1件。05ZTT17④：4，合范铸造，桥形耳，铃略呈圆形，中空，通高1.4、

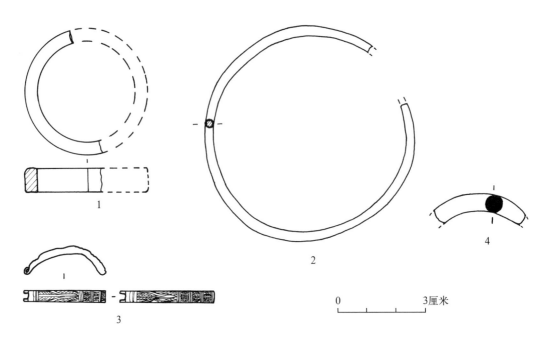

图九五　铜手镯

1.Ⅴ式(05ZTT15③：2)　2.Ⅵ式(05ZTT22②：11)　3.Ⅶ式(05ZTT7：2)　4.Ⅷ式(05ZTT5④：2)

铃直径1厘米（图九六，8；图版一九，6）。

砝码　1件。05ZTT17③：1，铸造，两端宽中间窄略呈"8"字形，面铸有"三六"（两）钱字样，通长1.9、两端宽1.5、中间宽0.7、厚0.8厘米（图九六，9；图版一九，5）。

凿　1件。05ZTT11③：5，上端残断，长条扁平形，上宽下窄，横断面呈方形，刃尖扁薄，残长4.2、宽0.5~1厘米（图九六，10）。

销钉　1件。05ZTT12③：4，铸造，长条形，一面扁平，一面圆弧，横断面呈"D"形，两端尖圆润，通长6.7、宽0.9厘米（图九六，11；图版一八，1）。

器柄　3件。铸造，长短不一，粗细不等，均为圆柱体，器身已残无存。标本05ZTT14④：2，柄残长6.6厘米（图九七，1）。

漆耳杯铜耳　2件。只残存半个杯耳，素地无纹，青铜铸造。标本05ZTT11④：1，耳长6.9、宽1.1厘米（图九七，2）。

铜饰件　1件。05ZTT21④：3，四周及一端已残，外圈饰凹线椭圆，中部饰凸起长方形，残长2.5、宽2.8厘米（图九七，3）。

铜镜　1件。05ZT扩方Y3：1，残存小块，背面饰锯齿纹和几何纹。

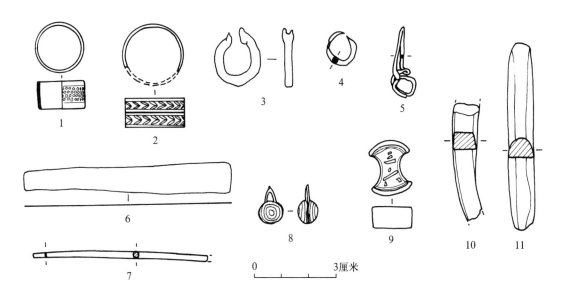

图九六　铜小件

1.顶针(05ZTT19④：1)　2.指环(05ZTT17④：10)　3.Ⅰ式耳环(05ZTT3②：1)　4.Ⅱ式耳环(05ZTT14④：9)
5.Ⅲ式耳环(05ZTT20②：6)　6.Ⅰ式簪(05ZTT5②：1)　7.Ⅱ式簪(05ZTT10④：3)　8.铃(05ZTT17④：4)
9.砝码(05ZTT17③：1)　10.凿(05ZTT11③：5)　11.销钉(05ZTT12③：4)

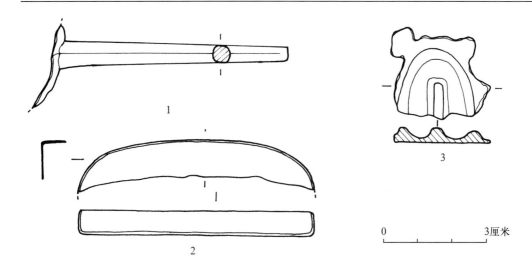

图九七　铜小件

1.器柄(05ZTT14④：2)　2.漆耳杯铜耳(05ZTT11④：1)　3.铜饰(05ZTT21④：3)

五　铁　器

　　田脚脚遗址共发现铁器74件。器形有箭镞、钩、刀、砍刀、刻刀、削、斧、钉、弧刃刀、錾、铁剑格、环、凿、钳子、铲、铁棒、销子、器耳、网坠、残铁器等（表10）。

表10　田脚脚遗址铁器型式统计表

序号	名称	型	层位	式	备注
1	铁箭镞		①	Ⅰ Ⅱ	
			②	Ⅳ	
			③	Ⅴ	
			④	Ⅲ	
2	铁钩		①	Ⅲ	
			③	Ⅰ Ⅱ Ⅳ Ⅴ	
3	铁刀		②	Ⅲ	
			③	Ⅰ Ⅱ	
			④	Ⅲ	
4	铁砍刀		②	Ⅰ	
5	铁刻刀		③	Ⅰ	
6	铁削刀		②	Ⅰ	

7	铁斧		④	I	
8	铁钉		④	I	
9	铁弧刃刀		③	I	
10	铁錾		③	I	
11	铁剑格		③	I	
12	铁环		①	I	
			②	II	
13	铁凿		①	I	
			②	I Ⅲ	
			③	II Ⅳ Ⅴ	
			④	Ⅵ	
14	铁钳		②	I	
15	铁铲		②	I Ⅲ	
			③	II Ⅳ	
			④	Ⅴ	
16	铁棒		④	I	
17	铁钩钉		③④	I	
18	铁箍		④	I	
19	铁网坠		④	I	
20	铁器耳		①④	I	

箭镞　5件。分五式。

I式，1件。05ZTT6：1，铸造，镞身呈三棱形，右侧饰穴槽，铤呈圆柱体，实心，通长5.6、镞身长1.3、镞铤长4.3厘米（图九八，1；图版二一，1）。

II式，1件。05ZTT23：2，铸造，锋呈三角形，刃扁平锋利，横断面呈长方形，铤残，残长6.9、最宽1.6、厚0.5厘米（图九八，2；图版二一，2）。

Ⅲ式，1件。05ZTT10④：2，铸造，镞身扁平，镞尖略呈三角形，后锋饰倒刺，铤空心圆柱体。通长7.7、镞长4.3、铤长3.4、宽1.3厘米（图九八，3；图版二一，3）。

Ⅳ式，1件。05ZTT12②：1，铸造，镞身扁平，镞尖呈三角形，镞尖略残，断面呈方形，铤空心，圆柱体。通长5、镞长3、铤长2.5、宽1厘米（图九八，4；图版二一，4）。

Ⅴ式，1件。05ZTT20③：1，铸造，通体锈蚀，镞身横断面呈方形，镞尖扁而锋利，无倒刺，铤扁平实心，残长5.5、镞身长4、镞宽1.2、铤长1.5厘米（图九八，5）。

钩　5件。分五式。

I式，1件。05ZTT14③：4，锻造，钩柄和钩尖较细，钩柄上端较粗呈圆形，钩柄断面呈圆形。通长2.2、钩柄长2.2、直径0.5、钩长0.5厘米（图九九，1；图版二一，5）。

Ⅱ式，1件。05ZTT11③：3，锻造，锈蚀严重，钩体呈扁平方形，柄较1式粗长，钩呈斜形。残长8.3、钩长2、柄长8、宽1.1、厚0.6～0.8厘米（图九九，2；图版二一，6）。

Ⅲ式，1件。05ZTT10：1，锻造，残断，锈蚀严重，形体较小，柄圆柱形，钩尖较粗。残长3、柄直径0.5、钩长1.4厘米（图九九，3；图版二一，7）。

Ⅳ式，1件。05ZTT23③：8，锻造，钩柄扁平，顶部拴绳处已残，钩柄断面略呈方形。长8、钩长2.3、柄长6、宽1.3、厚0.4厘米（图九九，4；图版二一，8）。

Ⅴ式，1件。05ZTT22③：19，锻造，残断，锈蚀严重，只残存钩柄，柄圆柱体。柄残长7、钩长2、柄长7、直径0.9厘米（图九九，5）。

刀　29件。分为三式。

Ⅰ式，1件。05ZTT22③：10，锻造，刀身扁平长条形，残断，柄宽于刀身，柄后端向下弯曲。残长18.2、刀身长14、宽2.2、柄长4.2厘米（图一〇〇，1）。

Ⅱ式，1件。05ZTT5③：1，锻造，刀身扁平长条形，弧形刃，刀身残断，刀身宽于刀柄，柄窄扁平略向上，残长6.9、刀身残长4.8、宽1.7、柄残长2.3、宽0.8厘米（图一〇〇，2；图版二〇，7）。

Ⅲ式，27件。锻铸，两端均残，只存刀身，刀身扁平长条形，宽窄不一，长短

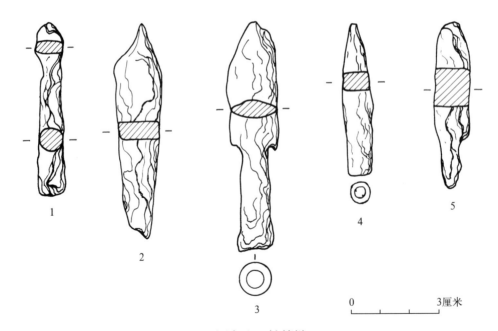

图九八　铁箭镞

1. Ⅰ式(05ZTT6：1)　2. Ⅱ式(05ZTT23：2)　3. Ⅲ式(05ZTT10④：2)　4. Ⅳ式(05ZTT12②：1)　5. Ⅴ式(05ZTT20③：1)

不等。标本05ZTY1：20，锈蚀严重，锻造，刀身残断，刀背平直，弧形刃，柄残，残长16.6、刃宽1.4厘米（图一〇〇，3）。标本05ZTT20④：6，残长20、宽2.8厘米（图一〇〇，5）。标本05ZTT20②：1，残长6.7、宽2.4厘米（图一〇〇，4）。标本05ZTY1：21，残长16.8、刀身宽2.2厘米（图一〇〇，6）。

　　砍刀　1件。05ZTT14②：3，锻造，刀尖及刀身残断，锈蚀严重，形体较大，厚重，锻铁件，背略弧，刃身较宽略内弧，尖部残，单面斜刃。残长11.2、宽5.2、厚1.1厘米（图一〇〇，7）。

　　刻刀　2件。05ZTT22③：2，锻造，形制呈靴形，柄扁平，上窄下宽，刃薄平直前尖后宽，刃尖残断。长5.9、柄长5、柄宽1.3、刃残宽1.1厘米（图一〇一，1）。

　　削刀　1件。05ZTT20②：2，锻造，锈蚀严重，翘首，刃背平直，弧形刃，刃尖残断。残长5.6、柄长2.6、柄宽0.9、厚0.7、刃残长3、刃宽1.8厘米（图一〇一，2）。

　　板状斧　1件。05ZTY1：4，锻造，竖銎扁平板状，平面呈梯形，平顶，外弧刃，长12.8、宽7.7~8.8厘米（图一〇一，3；图版二一，9）。

　　钉　1件。05ZTT16④：1，锻造，长条方形，方形钉帽，身上宽下窄，断面呈方形，长18.6、宽1.5~0.7、帽边长2.5厘米（图一〇一，4；图版二〇，5）。

　　弧刃刀　1件。05ZTT6③：1，锈蚀严重，刀柄及刀尖残断，直背弧刃，残长11.2、刀宽3.7厘米（图一〇二，1）。

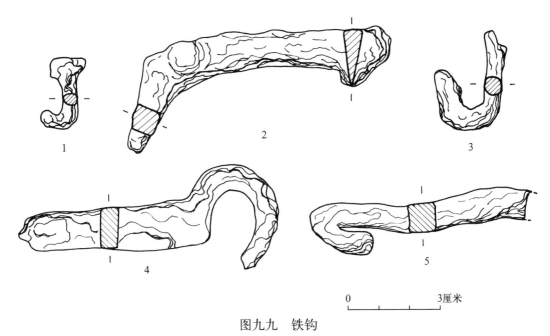

0　　　　　　　　3厘米

图九九　铁钩

1.Ⅰ式(05ZTT14③：4)　2.Ⅱ式(05ZTT11③：3)　3.Ⅲ式(05ZTT10：1)
4.Ⅳ式(05ZTT23③：8)　5.Ⅴ式(05ZTT22③：19)

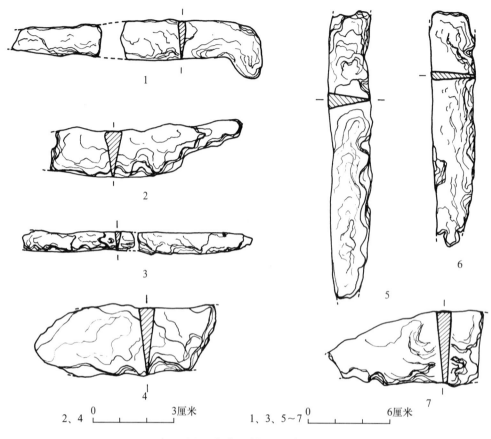

图一〇〇　铁刀、砍刀

1．I式(05ZTT22③：10)　2．II式(05ZTT5③：1)　3、4、5、6．III式(05ZTY1：20、
05ZTT20④：6、05ZTT20②：1、05ZTY1：21)　7.砍刀05ZTT14②：3

鏨　1件。05ZTT12③：10，锻造，表面锈蚀，扁平长方形，整器粗短厚重，顶部因锤击略翻卷，前端残断，残长15、顶部宽3.8、厚1、宽2.8厘米（图一〇二，2；图版二〇，4）。

铁剑格　1件。05ZTT20③：3，铸造。正面略长方形，侧面呈棱形，侧面中央饰长方形孔，剑身无存。长5.4、宽2.2、厚1厘米（图一〇二，3）。

环　2件。锈蚀严重，分二式。

I式，1件。05ZTT11：2，铸造，圆形，直径6.2~6.8厘米（图一〇二，4）。

II式，1件。05ZTT10②：2，铸造锻打，马蹄形，一边有口，直径4.8~6厘米（图一〇二，5）。

凿　9件。锈蚀严重，分六式。

I式，3件。锻造，长短不一，形制长条形，上粗下细，柄剖面呈长方形，

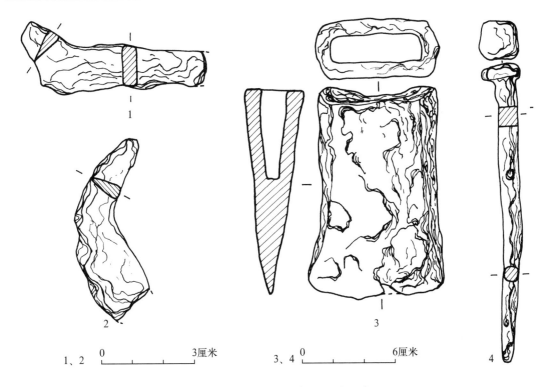

图一〇一　铁刻刀、削刀、斧、钉

1.刻刀(05ZTT22③：2)　2.削刀(05ZTT20②：2)　3.板状斧(05ZTY1：4)　4.钉(05ZTT16④：1)

刃口扁平。标本05ZTT23②：1，长9、宽1.5、厚0.6厘米（图一〇三，1）。标本05ZTT14：1，长9.9、宽0.6~1、厚0.1~0.5厘米（图一〇三，2）。

　　Ⅱ式，1件。05ZTT9③：1，锻制，銎口呈椭圆形，凿身断面呈矩形，銎部有竖向接缝，刃部扁宽。残长6.4、銎口径3厘米（图一〇三，3；图版二〇，2）。

　　Ⅲ式，1件。05ZTT4②：2，锻造，锈蚀严重，形制长条状，上宽下窄，凿尖扁平，残长6.9、柄宽1.6、厚0.6厘米（图一〇三，4）。

　　Ⅳ式，2件。锻造，锈蚀严重，均残，长条方形，柄粗，刃扁尖，标本05ZTT4③：1，残长10.9、宽1.1、厚1厘米（图一〇三，5）。

　　Ⅴ式，1件。05ZTT4③：17，锻造，长方形，体宽于刃，斜刃，长4.5、凿身宽2.2、厚0.8厘米（图一〇三，6）。

　　Ⅵ式，1件。05ZTT 14④：4，锻造，长条圆柱体，凿体圆粗，凿残断，残长4.9厘米（图一〇三，7）。

　　钳　1件。05ZTT19②：5，铸造，前端弯曲开叉，似虎口，柄呈方形，长11.8厘米（图一〇四，1；图版二〇，6）。

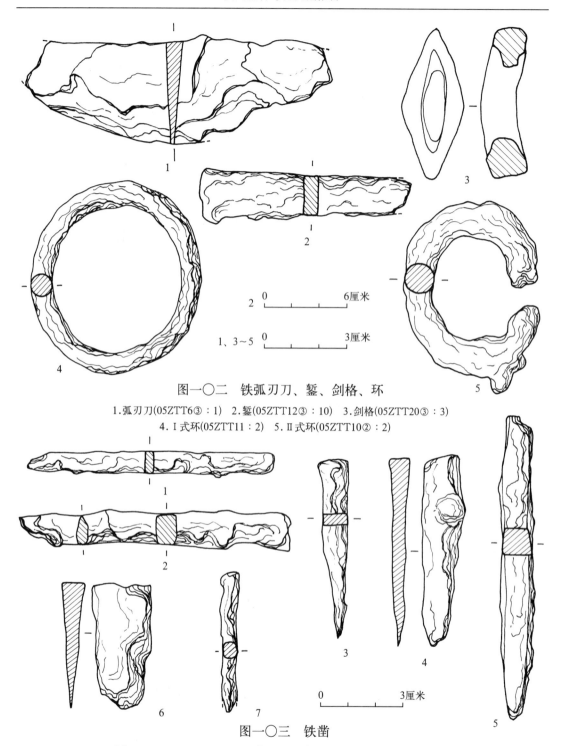

图一〇二　铁弧刃刀、錾、剑格、环

1.弧刃刀(05ZTT6③：1)　2.錾(05ZTT12③：10)　3.剑格(05ZTT20③：3)
4.Ⅰ式环(05ZTT11：2)　5.Ⅱ式环(05ZTT10②：2)

图一〇三　铁凿

1、2.Ⅰ式(05ZTT23②：1、05ZTT14：1)　3.Ⅱ式(05ZTT9③：1)　4.Ⅲ式(05ZTT4②：2)
5.Ⅳ式(05ZTT4③：1)　6.Ⅴ式(05ZTT4③：17)　7.Ⅵ式(05ZTT14④：4)

铲　5件。分六式。

Ⅰ式，1件。05ZTT20②：1，锻造，两端残断，形制呈筒瓦状。残长5.8、宽2.8~4.3厘米（图一〇四，2）。

Ⅱ式，1件。05ZTT9③：2，锻造，板状铲。长方形，整器窄长，锻铁件，系用铁板锻制而成，銎部留有锻接缝，椭圆形銎，圆肩，刃部两侧略残，背面銎部上部闭合，下部顶三角形敞开，铲身短，外弧刃.通长8.4、柄残长5、銎内径1.4、铲长3.4、刃残宽3.8厘米（图一〇四，3；图版二〇，1）。

Ⅲ式，1件。05ZTT19②：1，锻造，形制窄长，背面銎部上部闭合，下部顶三角形敞开，銎部及刃均残，铲扁平细长。残长12.5、柄残长约8、銎径4、铲残长4.5、残宽约4厘米（图一〇四，4；图版二〇，3）。

Ⅳ式，1件。05ZTT22③：11，锻造，两端残断，形制呈筒瓦状。残长4.5、宽2.3厘米（图一〇四，5）。

Ⅴ式，1件。05ZTT2④：1，锻造，瓦形。残长8.3、残宽3~4.2厘米（图一〇四，6）。

铁棒　1件。05ZTY1：10，锻造，表面锈蚀严重。铸造，长方形。四面平整，两

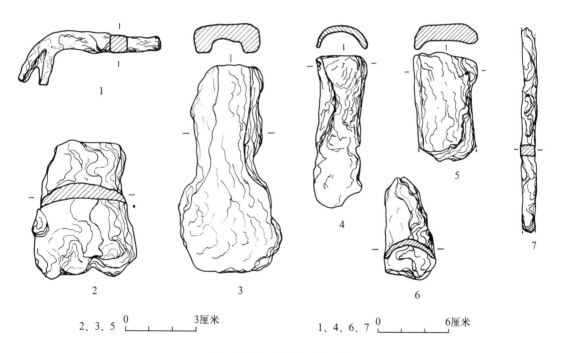

2、3、5 ⊢0————3厘米⊣　　　1、4、6、7 ⊢0————6厘米⊣

图一〇四　铁钳、铲、棒

1.钳(05ZTT19②：5)　2.Ⅰ式铲(05ZTT20②：1)　3.Ⅱ式铲(05ZTT9③：2)　4.Ⅲ式铲(05ZTT19②：1)
5.Ⅳ式铲(05ZTT22③：11)　6.Ⅴ式铲(05ZTT2④：1)　7.棒(05ZTY1：10)

头齐平，长16.6、宽1.4、厚0.8厘米（图一○四，7）。

销钉　1件。05ZTT23③：1，锻造，残断，锈蚀严重，长条形，横断面呈四方形，中间粗两端略细，通长13.3、宽1.3、厚0.8厘米（图一○五，1）。

箍　2件。锻造，锈蚀严重，形体扁平，横断面略呈方形，整体略弯曲。标本05ZTT20④：14，长20、宽2.7、厚1.2厘米（图一○五，2）。标本05ZTT20④：24，形制长方体，略弯曲，横断面呈长方形，残长7.8、宽4.2、厚4.3厘米。

器耳　2件。大小粗细不等，均为弧形，断面呈圆形，一端有能看出与器物的接合痕迹，标本05ZTT17：8，耳高4.4、直径1.2厘米（图一○五，3）。标本05ZTT10④：1，残长8、直径1.7厘米（图一○五，4）。

网坠　1件。05ZTT7④：1，铁质铸造，形状似算盘珠，两端细中部略凸，中间饰穿孔。高1.1、直径1.2厘米（图一○五，5）。

残铁器　4件。形制各异，有扁平略呈三角形、圆柱弧形，分别出土②、③层，05ZTT4②：5，扁平略呈直三角形，边长4~5~6厘米。尚不明器形及用途。

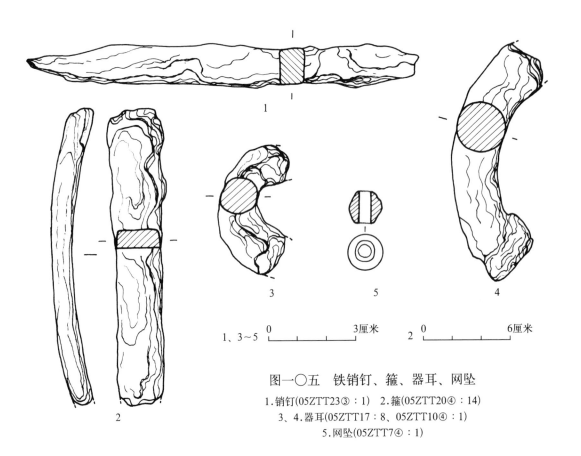

图一○五　铁销钉、箍、器耳、网坠
1.销钉(05ZTT23③：1)　2.箍(05ZTT20④：14)
3、4.器耳(05ZTT17：8、05ZTT10④：1)
5.网坠(05ZTT7④：1)

六 其 他

田脚脚遗址出土铅铸造的半两、五铢、货泉、太平百钱、剪轮五铢等，以及晚期遗物铜烟嘴、烟斗、铜管、锸、网坠、铅块及圈足陶碗、祥符元宝、皇宋通宝、大观通宝、宣和通宝和清代乾隆通宝、咸丰通宝等钱币。

汉至魏时期货币

半两钱　4枚。无廓，字迹模糊不清，"两"字中间的两个"人"字几乎成，05ZTT20④：1，径2.6厘米。

五铢钱　5枚。正面有外廓无内廓，背面有内、外廓，"五" 字中间两笔弯曲，05ZTT20③：5，径2.6厘米（图一〇六，1）。

货泉钱　1枚。05ZTT20④：23，正面有外廓无内廓，背面有内、外廓，径2.3厘米（图一〇六，2）。

太平百钱　1枚。05ZTT20④：15，正面有外廓无内廓，背面有外廓无内廓，径2.6厘米（图一〇六，3）。

剪轮五铢　1枚。05ZTT3③：5，字迹模糊不清，外廓被剪凿或磨去，仅剩下钱的内廓，为轻薄劣币。公元190年献帝初平元年，董卓铸小五铢，以代汉五铢，大五

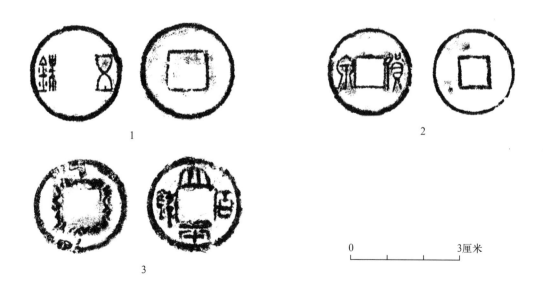

1

2

0　　　　　　　3厘米

3

图一〇六　五铢、货泉、太平百钱

1.五铢(05ZTT20③：5)　2.货泉(05ZTT20④：23)　3.太平百钱(05ZTT20④：15)

分，无文字。

七　晚期遗物

圈足碗　1件。05ZTT12②：5，泥质灰陶，轮制，火候较高，表面饰青釉。残存底部，底径5厘米（图一〇七，1）。

烟嘴　2件。形状为一端粗一端略细，中空，圆柱锥体。05ZTT3②：2，长11.9、直径0.9～0.5厘米，05ZTT7：3，长9.6、直径0.9～0.7厘米（图一〇七，2）。

烟斗　2件。铸造。一件残，一件完整，身为空心圆柱，斗碗为圆形，中空与身相通。05ZTT4③：3，通长8.4、身圆柱直径1、斗直径2.2厘米（图一〇七，3）。

铜管　1件。05ZTT7②：5，铸造，长短不一，圆筒形，中空，其中一件为圆筒形，长8.8、直径0.5厘米（图一〇七，4）。

铅制器　4件。

锸　1件。05ZTT23②：2，铅质，铸造，扁平，双面斜刃，上部饰槽，高1.4、

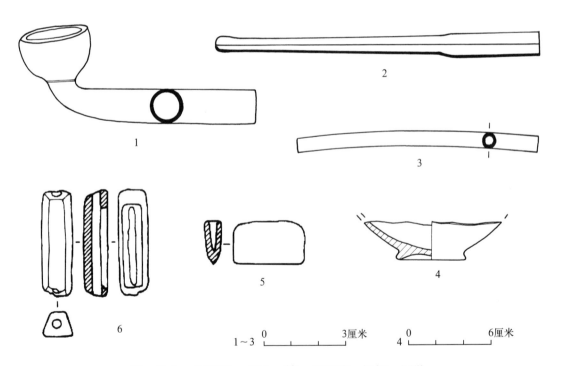

图一〇七　铜烟嘴、烟斗、管、圈足碗，铅锸、网坠

1.圈足碗(05ZTT12②：5)　2.烟嘴(05ZTT7：3)　3.烟斗(05ZTT4③：3)　4.铜管(05ZTT7②：5)
5.铅锸(05ZTT23②：2)　6.铅网坠(05ZTT10②：6)

宽2.5、厚0.6厘米（图一〇七，5）。

网坠　1件。05ZTT10②：6，铅质，铸造，长方形，正面饰槽，两端饰穿，系槽孔使于系绳，长4.6、宽1.5、厚1.15厘米（图一〇七，6）。

铅块　3件。铸造剩下的铅渣，大小不一，长短不等。05ZTT3④：6，最长4.2、最短2.1厘米。

祥符元宝　1枚。05ZTY1扩方③：5，正背两面内外有廓，外廓较宽，径2.5厘米（图一〇八，2）。

皇宋通宝　1枚。05ZTT7④：2，正面有外廓无内廓，背面内、外有廓，径2.5厘米（图一〇八，1）。北宋仁宗宝元二年至皇祐末年铸造。

大观通宝　1枚。05ZTT15③：5，正背两面内外有廓，字迹粗犷，径2.4厘米（图一〇八，3）。（北宋）宋徽宗大观年间铸造。

宣和通宝　1枚。05ZTT12②：5，正背两面内外有廓，径2.4厘米（图一〇八，4）。宣和通宝（北宋）咸丰通宝3枚。

乾隆通宝　3枚。

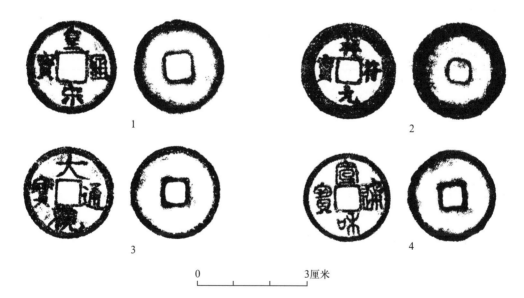

图一〇八　祥符元宝、皇宋通宝、宣和通宝、大观通宝
1.皇宋通宝(05ZTT7④：2)　2.祥符元宝(05ZTY1扩方③：5)
3.大观通宝(05ZTT15③：5)　4.宣和通宝(05ZTT12②：5)

第三编　小河口遗址

第一章　地理位置及发掘经过

一　地理位置

小河口地遗址位于贵州省贞丰县者相镇毛坪村董箐组。东南距董箐村约1.5公里的北盘江中游西岸及小河口交汇处的台地上。海拔高程为370米左右，距西北贞丰县者相镇镇政府所在地约20公里。这一带为喀斯特地形地貌，背靠群山，面向北盘江。距北盘江面高约10米左右，遗址的东面边缘为北盘江，南面约1公里处为董箐电站坝址。小河口遗址东北约150米处的北盘江东岸为镇宁县良田乡田脚脚遗址，两遗址隔江相望，相距约150米左右。总面积约3000平方米，遗址地理坐标为东经105°45′23.33″，北纬25°32′01.08″。遗址西北侧有一小溪河流入北盘江中。遗址南北长为50米，东西宽40米，总面积约2000平方米。

二　发掘经过

本次发掘采用象限法，共布10×10米探方11个，编号T2～T12（图一○九；图版二二），实际发掘面积1110平方米，探沟1条，为1×10米。遗迹有房基、灰坑、柱洞、沟、灶等。在文化层中出土大量遗物，有石器、陶器、铜器、铁器等。现将此次发掘主要收获报告如下。

三　地层堆积

该遗址地层堆积，除第①层和第②层为扰乱层出土有晚期遗物外，第③和第④层基本相同，属同一个时期，地层堆积除个别地方较厚外，整个堆积较浅，文化内涵基本一致，现以T8探方地层堆积为例（图一一○）叙述如下：

第①层　耕土层，土质松软，包含物有少量泥质方格纹灰陶、弦纹灰褐陶、红褐

北

3　　　2

6　　　5　　　4

7　　　8　　　9

12　　　11　　　10

0　　　　　　　　　10米

图一〇九　小河口遗址探方分布图

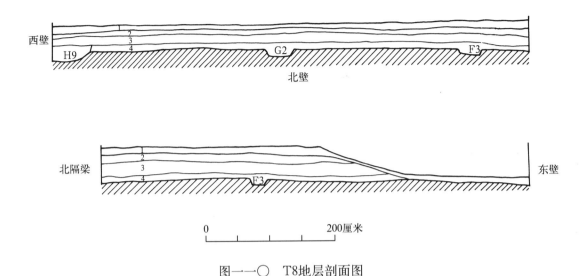

图一一〇　T8地层剖面图

陶等，厚10～20厘米。

　　第②层　　扰土，土质灰褐色，土质结构紧密，包含物有少量夹砂绳纹灰陶、夹砂灰褐陶、泥质方格纹灰褐陶、泥质弦纹灰褐陶等，厚10～25厘米。

　　第③层　　灰褐色黏土，土质结构紧密，包含有炭屑、红烧土颗粒，出土遗物有少量夹砂绳纹灰褐陶及方格纹红陶残件、兽骨、五铢钱等。厚10～30厘米。

　　第④层　　黄褐色黏土，土质松软，包含物有炭屑、红烧土颗粒、兽骨，陶片较少，厚10～15厘米。

第二章　　文化遗迹

　　小河口遗址发掘清理房屋建筑遗迹3处，柱洞43个，灰坑11个，沟3条，灶4个等。

一　房屋遗迹

　　小河口遗址共发现房屋遗迹3座，均在遗址的第4层，编号为05ZZDTF1～F3（图版二三）。这些房子皆在平地上起建，房屋平面形状均为长方形，分二开间和三开间。四面建墙，墙为木骨泥墙。除在房门两侧立有较粗的大立柱外，房屋中和墙体中没有大立柱，只有同墙来支撑房顶。由于不可能有脊檩（房子中间无成排立柱），所以房顶应当是一面坡式的。在一面或两面墙上设有房门，房门多开在开间的边缘，有的房门两侧立有较粗的门柱。这些房址的保存都不好，没有保存完整的居住面，大部分房址保存有墙基的基槽，现残有墙基下的木骨泥遗迹。

F1位于T10西南部向南延伸至T11东北部，开口第④层下打破生土，房址平面呈长方形，南北走向。方向为80°（图一一一；图版二四）。房屋西墙保存基本完好，东墙及南墙被耕耘破坏。西墙南北残长约1215厘米，东西残宽约375厘米。面积约41.98平方米。共发现柱洞22个，房址柱洞直径和深度见表（表11）。

表11　小河口遗址F1柱洞统计表　　　　　　　　　　单位：厘米

编号	柱洞直径	柱洞深度	填土	备注
1	16	14	灰褐土、烧土、炭屑	
2	8−12	10	灰褐土、烧土、炭屑	
3	8−10	10	灰褐土、烧土、炭屑	
4	18	20	灰褐土、烧土、炭屑	
5	20−22	25	灰褐土、烧土、炭屑	
6	22	21	灰褐土、烧土、炭屑	
7	12−16	19	灰褐土、烧土、炭屑	
8	10−12	16	灰褐土、烧土、炭屑	
9	10−11	15	灰褐土、烧土、炭屑	
10	10−16	20	灰褐土、烧土、炭屑	
11	10−12	18	灰褐土、烧土、炭屑	
12	20	25	灰褐土、烧土、炭屑	
13	16	21	灰褐土、烧土、炭屑	
14	16	18	灰褐土、烧土、炭屑	
15	12	15	灰褐土、烧土、炭屑	
16	16	20	灰褐土、烧土、炭屑	
17	8−14	10	灰褐土、烧土、炭屑	
18	22	25	灰褐土、烧土、炭屑	
19	20−22	27	灰褐土、烧土、炭屑	
20	18	22	灰褐土、烧土、炭屑	
21	18	20	灰褐土、烧土、炭屑	
22	20	20	灰褐土、烧土	

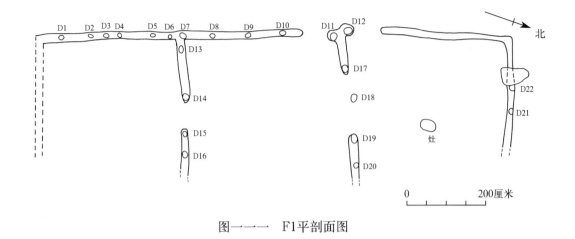

图一一一　F1平剖面图

　　房屋的修筑方法是先挖墙槽，于基槽内埋有密集圆木，推测在圆木内外侧抹泥形成木骨泥墙。房内填土为灰褐色黏土，土质疏松，包含少量红烧土颗粒及炭屑，以及夹砂灰褐陶和泥质灰陶碎片。

　　F1为地面建筑，由北向南共分三间，每间房内有一隔墙，每间隔墙均保留有基槽。

　　第一间西墙保存完整，南北长425厘米，基槽内未发现柱洞，西墙西南角开60厘米宽门道进入室内。东墙已被耕耘破坏，北墙东端被破坏，墙残长275厘米，北墙基槽内现存柱洞2个，直径15～20厘米，深15～20厘米。南墙东端被破坏，东西残长355厘米，南墙中间靠西侧D17与D19之间开一门道，通向第一和第二间室内，门宽140厘米，门道中间有一柱洞。基槽内现存柱洞5个，直径15～20厘米，深15～20厘米。

　　第二间西墙保存完整，南北长410厘米。西墙基槽宽15～20厘米，深5～8厘米，基槽内有5个柱洞，直径15～20厘米，深15～20厘米。南墙东端被耕耘破坏，东西残长约340厘米，南墙中央的D14与D15之间开50厘米门道进入第三间。基槽宽15～20厘米，深5～8厘米，基槽内现存柱洞4个，直径15～20厘米，深15～20厘米。

　　第三间西墙基本保存完整，南北长350厘米。基槽内有6个柱洞，直径15～20厘米，深15～20厘米。南墙已被耕耘破坏无存。

　　F2

　　位于T12西北角向东西延伸T7，开口第④层下，打破F3南端第四间及生土，距地表60厘米，平面形状为长方形（半间），呈西南至东北走向，方向为55°（图一一二；图版二五）。南北残长380厘米，东西宽420厘米，残存面积约15.96平方

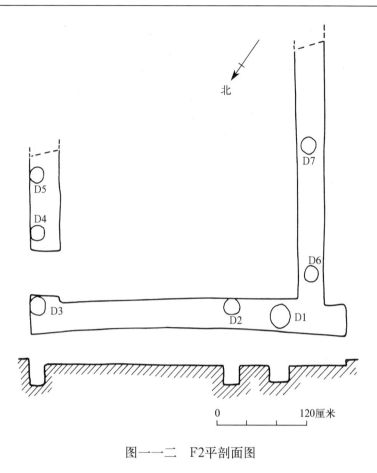

图一一二 F2平剖面图

米，共发现柱洞7个，房址柱洞直径和深度见表（表12）。

房屋的修筑方法是：先挖墙槽，于基槽内埋有密集圆木，推测在圆木内外侧抹泥形成木骨泥墙。室内填土为灰黄色，土质较硬，包含少量红烧土颗粒和炭屑，以及夹砂灰褐陶及泥质灰陶碎片。

F2为地面建筑，单间，墙基保留有基槽。

北墙保存完整，东西长420厘米，墙体基槽宽38～40厘米，深8厘米。基槽内现存柱洞3个，直径16厘米，深24厘米。南墙已被耕耘毁坏。西墙南端被耕耘破坏，现存墙体基槽约三分之二，南北残长380厘米，基槽宽38厘米，深8厘米。内现存2个柱洞，直径20厘米，深24厘米。东墙南端已被耕耘破坏，现存墙体基槽约二分之一，南北残长240厘米，现存柱洞2个，直径16厘米，深24厘米。东北角开一门道，进入室内。门道宽56厘米。柱洞直径及深度见表（表12）。

表12　小河口遗址F2柱洞统计表　　　　　　单位：厘米

编号	柱洞直径	柱洞深度	填土	备注
1	32	21	灰褐土	炭屑、红烧土、颗粒
2	22	18	灰褐	炭屑、红烧土、颗粒
3	24	22	灰褐	炭屑、红烧土、颗粒
4	22	19	灰褐	炭屑、红烧土、颗粒
5	22	23	灰褐	炭屑、红烧土、颗粒
6	20	18	灰褐	炭屑、红烧土、颗粒
7	24	25	灰褐	炭屑、红烧土、颗粒

F3

位于T8中部，开口第④层下打破生土。房址是由北向南延伸，北端延伸至T9中部及西北角，南端延伸至T11西南角及T12西北角，西墙向北延伸至T4东南角，往南延伸至T7东北角及T12西北角。房址平面布局呈长方形，南北走向。方向为65°，东墙基南北残长约1960厘米，西墙基南北残长2400厘米，东西宽约725厘米，面积约175.8平方米。发现大小不一的柱洞114个，其中较大的柱洞57个，柱洞直径和深度见表（表13）。

表13　小河口遗址F3柱洞统计表　　　　　　单位：厘米

编号	柱洞直径	柱洞深度	填土	备注
1	20	10	黄灰土	
2	20	5	烧土颗粒	
3	15	10	烧土颗粒	
4	20	15	烧土颗粒	
5	20	15	烧土颗粒	
6	10	10	烧土颗粒	
7	10	5	烧土颗粒	
8	15	10	烧土颗粒	
9	15	11	烧土颗粒	
10	20	15	烧土颗粒	
11	15	10	烧土颗粒	
12	18	15	烧土颗粒	
13	19	14	烧土颗粒	
14	20	16	烧土颗粒	
15	12～20	17	烧土颗粒	

16	15	10	烧土颗粒	
17	10	10	烧土颗粒	
18	10	12	烧土颗粒	
19	14	11	烧土颗粒	
20	15	12	烧土颗粒	
21	15	13	烧土颗粒	
22	10	10	烧土颗粒	
23	10~15	12	烧土颗粒	
24	15	15	烧土颗粒	
25	15	12	烧土颗粒	
26	14	10	烧土颗粒	
27	15	12	烧土颗粒	
28	12~18	14	烧土颗粒	
29	20	16	烧土颗粒	
30	15	15	烧土颗粒	
31	15	13	烧土颗粒	
32	14	10	烧土颗粒	
33	10	10	烧土颗粒	
34	15	12	烧土颗粒	
35	15	13	烧土颗粒	
36	14	10	烧土颗粒	
37	20	16	烧土颗粒	
38	15	12	烧土颗粒	
39	15	10	烧土颗粒	
40	10	12	烧土颗粒	
41	15	14	烧土颗粒	
42	15	12	烧土颗粒	
43	15	15	烧土颗粒	
44	15	12	烧土颗粒	
45	15	16	烧土颗粒	
46	15	14	烧土颗粒	
47	15	16	烧土颗粒	
48	15	14	烧土颗粒	
49	10	8	烧土颗粒	
50	10	10	烧土颗粒	
51	15~20	16	烧土颗粒	
52	15~18	14	烧土颗粒	
53	15	13	烧土颗粒	

54	15	18	烧土颗粒	
55	15	16	烧土颗粒	
56	15	14	烧土颗粒	
57	15	20	烧土颗粒	

　　房屋的修筑方法是：先挖墙基槽，于基槽内埋有密集圆木，推测在圆木内外侧抹泥形成木骨泥墙。室内填土为黄褐色，土质较硬，包含有夹砂陶及泥质陶残件，以及少量红烧土颗粒及炭屑。

　　该房屋为地面建筑，房址布局由北至南，共分四间，房间与房间之间均有隔墙，除第四间北墙基槽不清楚外，每间隔墙均保留有基槽，南墙已被耕耘破坏（图一一三；图版二六，1）。

　　第一间东墙保存完整，南北长535厘米，基槽宽25～35厘米，深15～20厘米。槽内有大小柱洞13个，柱洞直径约10～15厘米左右，深10～15厘米左右，西墙中段略被破坏，南北长约635厘米，基槽宽25～35厘米，深15～20厘米。槽内有大小柱洞7个，柱洞直径约10～15厘米左右，深10～15厘米左右，南北墙保存完好，北墙东西长690厘米，基槽宽25～30厘米，深15～20厘米。槽内有大小柱洞8个，直径约10～15厘米左右，深10～15厘米左右。北墙东北角D57以西开一门道进入房内，门道宽100厘米，西北角开一门道进入室内，门道宽70厘米。

　　第二间东墙南北长550厘米，基槽宽25～35厘米，深15～20厘米。槽内有洞16个，确定为柱的有5个，直径约10～15厘米左右，深10～15厘米左右。西墙南北长515

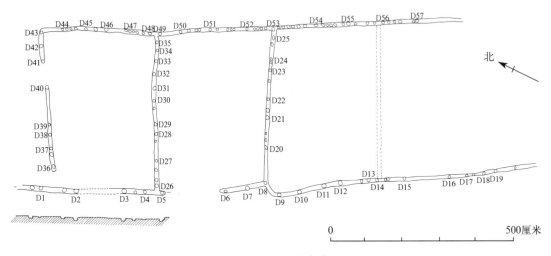

图一一三　F3平剖面图

厘米，西北角D8～D9之间开有门道进入室内，门道宽约250厘米左右。西墙基槽宽25～35厘米，深15～20厘米，槽内有柱洞4个。直径约10～15厘米左右，深10～15厘米左右。北墙保存完整，东西长685厘米，基槽宽25～35厘米，深15～20厘米。槽内有洞14个，确定为柱洞的有10个，直径约10～15厘米左右，深10～15厘米左右（图版二六，2）。

第三间东墙南北长485厘米，墙基槽宽25～35厘米，深15～20厘米，槽内有洞16个，确定为柱洞的有2个，直径约10～15厘米左右，深10～15厘米左右。西墙南北长525厘米，基槽宽25～30厘米左右，深10～15厘米，基槽现存洞7个。确定为柱洞的有6个，直径约10～15厘米左右，深10～15厘米左右。北墙基槽保存完整，近西北角开有门道进入室内，门道宽约260厘米左右。南墙东西长725厘米。基槽宽25～35厘米，深15～20厘米。槽内有洞12个，确定为柱洞的有6个。直径约10～15厘米左右，深10～15厘米左右。南墙西端开有门道进入第三室，门道宽约150厘米，但不甚清晰。

第四间东墙南北残长390厘米，基槽宽25～35厘米，深15～20厘米，槽内有洞6个，确定为柱洞的有2个，直径约10～15厘米左右，深10～15厘米左右。西墙南北残长725厘米，中部偏北D15～D16之间开有门道进入室内，门道宽约150厘米左右，基槽宽25～35厘米，深15～20厘米，槽内有洞9个，确定为柱洞的有5个，直径约10～15厘米左右，深10～15厘米左右，北墙基槽尚不清楚。东西长680厘米。南墙基槽已被耕耘破坏无存，是否还会向南延伸，无可确定。

二　柱　洞

除房屋柱洞外，还发现零散柱洞15个。位于T6西北部，均开口第④层下打破生土，口径大小不等，深浅不一，形状有圆底和椭圆形两类，均为直壁平底，洞内填土为灰褐土，土质松软，包含有少量红烧土及炭屑，口径最大者40厘米，最小者20厘米，最深者30厘米，最浅者10厘米。

三　灰　坑

小河口遗址共发现灰坑11个。分布在第三层和第四层，第三层3个，第四层8个。根据平面形状分为椭圆形、圆形、不规则圆形、长方形四类。灰坑直径及深度见表（表14）。

表14　小河口遗址灰坑统计表　　　　　　　　单位：厘米

编号	位置	坑口形状	口径	深	口距地表	口至底的深度	填土及遗物	备注
1	T10④南部	圆形	130	125	18	13～21	黑褐土、烧土颗粒、炭屑	
2	T11④东南部	不规则形	80～100	50～80	15	17～22	黑灰土、烧土颗粒、炭屑	
3	T7④东北部	长方形	74～190	55	55	20	黄褐土、烧土颗粒、炭屑	
4	T6④下	椭圆形	80～140	25	25	20～30	灰褐土、烧土颗粒、炭屑夹砂陶碎片	
5	T16④东南部	圆形	60	30	25	30	灰褐土、红烧土及炭屑	
6	T6④下东南部	不规则形	65～85	50	25	50	灰褐土、红烧土颗粒、炭屑	
7	T9④东	不规则形	114～190	108～180	15	27～32	灰黑土、烧土颗粒、炭屑	
8	T8③东偏南	椭圆形	50～110	50	50	20	灰黄土、炭屑、烧土、动物骨骸	
9	T5③下东南角	不规则圆形、斜壁、圜底	460～500	170～250		80	灰黑土、红烧土颗粒、炭屑夹砂及泥质碎陶片、铜扣饰	
10	T8③东部	不规则圆形、斜壁、圜底	210～264		55	5～15	灰褐土、烧土颗粒、炭屑、直百五铢	
11	T8④东部	圆形	52	30	55	54	灰黑土、红烧土颗粒、炭屑	

第三层灰坑3个，分为椭圆形、不规则，圆形。

H8，位于T8东部偏南，开口第③层下，打破第④层及生土，距地表50厘米。平面形状为椭圆形，斜壁，圜底。坑内填土分两层，第一层为灰褐色黏土，第二层填土为H8内灰黄色，包含有大量炭屑、动物骨骸及部分牛下颌骨牙床，夹砂灰褐陶残件及铜扣饰，直径50～110厘米，深50厘米（图一一四；图版二八，2）。

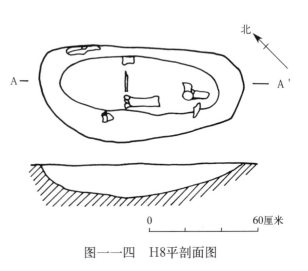

图一一四　H8平剖面图

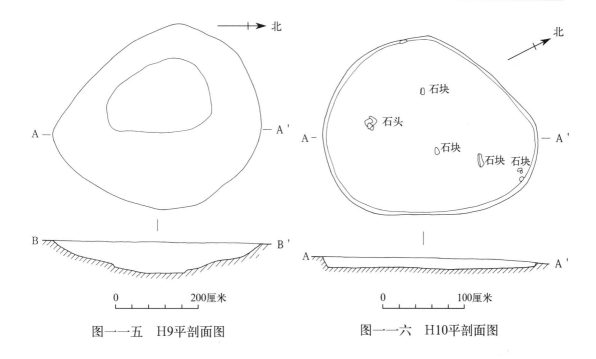

图一一五　H9平剖面图　　　　　图一一六　H10平剖面图

　　H9，位于T5东南角，开口第③层下，打破第④层及生土。平面形状为不规则圆形，斜壁平底，坑内填土分为两层，第一层为灰褐色黏土，第二层为灰黄色，包含有少量夹砂灰褐陶残件及铜扣饰，直径432～500厘米，底径170～250厘米，深80厘米（图一一五）。

　　H10，位于T8东部，开口第③层下，打破第④层及生土，距地表55厘米。平面形状呈不规则圆形，斜壁，平底。坑内填土为灰褐色，包含有大量红烧土块，出土遗物有"直百五铢"铜钱，直径210～264厘米，深5～15厘米（图一一六）。

　　第四层灰坑7个，根据平面形状分为圆形、不规则形、长方形、椭圆形四类。均开口第四层打破生土。

　　1. 圆形3个

　　H1，位于T10南部偏西，开口第④层下，打破生土，距地表18厘米，被Z1打破。平面形状呈圆形，直壁内收，圜底。坑内填土为黑灰色，土质松软，包含有少量红烧土及炭屑，直径130厘米，底径125厘米，深13～21厘米（图一一七）。

　　H5，位于T16东南部，开口第④层下，打破生土，距地表25厘米。平面形状呈圆形，斜壁，圜底。坑内填土为灰褐色黏土，土质松软，包含有少量红烧土及炭屑，直径60厘米，深30厘米（图一一八；图版二七，2）。

　　H11，位于T8中部偏南，开口第④层下，打破F3基槽及生土，距地表55厘米。

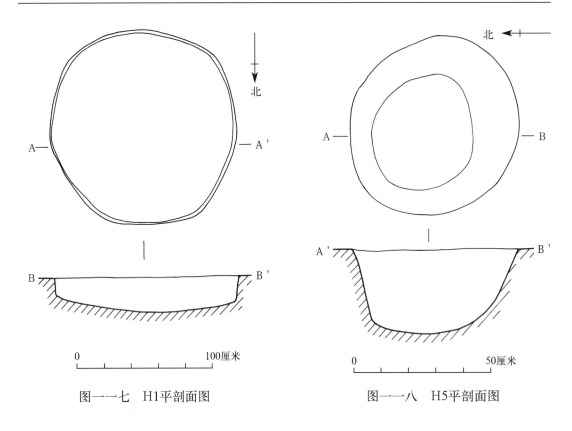

图一一七　H1平剖面图　　　　　　　　图一一八　H5平剖面图

平面形状呈圆形，斜壁，平底。坑内填土为灰黑色，包含有少量红烧土颗粒及炭屑，直径52厘米，底径30厘米，深55厘米。

2．不规则形3个

H2，位于T11东南部及F3室内东墙250厘米，西墙约200厘米。开口第④层下，打破生土，距地表深约15厘米。平面形状呈不规则形，口大底小，西北凸出，南部略高于北部，斜壁，平底。坑内填土为灰褐色，土质松软，包含有少量红烧土颗粒及炭屑，口直径80～100厘米，底径55～87厘米，深17～22厘米（图一一九）。

H6，位于T6东南部，开口第④层下，打破生土，距地表25厘米。平面形状呈不规则形，斜壁，尖底。坑内填土为灰褐色黏土，土质松软，包含有少量红烧土及炭屑，直径65～85厘米，深50厘米（图一二一；图版二八，1）。

H7，位于T9东部中央，部分压在东边隔梁下，开口第④层下，打破生土，距地表15厘米。平面形状呈不规则形，壁微斜，平底，坑底北部略高于南部，高差约5厘米。坑内填土分为两层，上层较纯为灰黑色黏土，土质松软，包含有少量红烧土颗粒及炭屑，下层包含有大量红烧土及炭屑和少量风化黄色石块、小鹅卵石，直径114～190厘米，底径108～180厘米，深27～32厘米（图一二二）。

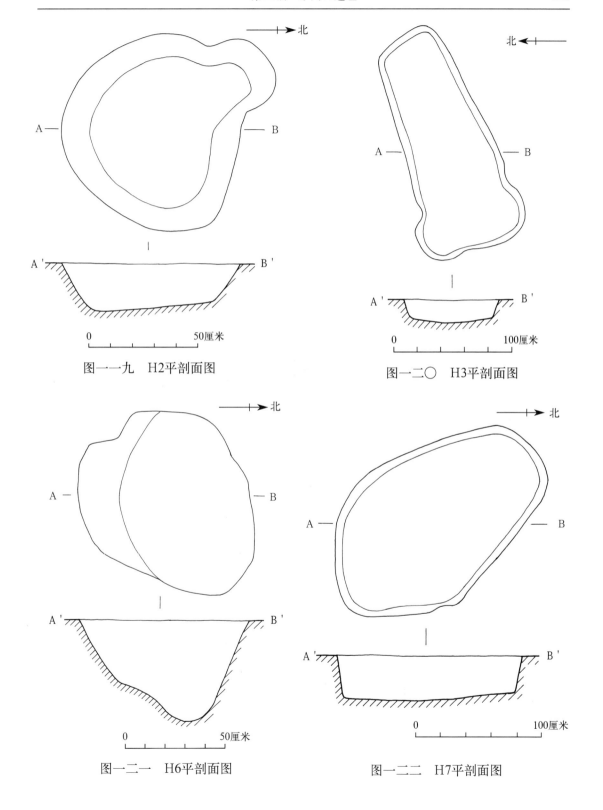

图一一九 H2平剖面图

图一二〇 H3平剖面图

图一二一 H6平剖面图

图一二二 H7平剖面图

　　3．长方形1个

　　H3，位于T7东北部，开口第④层下，打破F3房屋基槽及生土，距地表55厘米，平面形状呈长方形，斜壁，平底，坑内填土为灰褐色，土质松软，包含有少量红烧土及炭屑，直径74～190厘米，深20厘米（图一二〇；图版二七，1）。

　　4．椭圆形1个

　　H4，位于T6东南部，开口第④层下，打破生土，距地表25厘米，平面形状为椭圆形，东北为斜壁，其余为直壁，圜底，坑内填土为灰褐色黏土，土质松软，包含有少量红烧土及炭屑，出土遗物有夹砂灰褐陶残件，直径80～140厘米，深20～30厘米。

四　沟

　　小河口遗址共发现沟3条。均开口第四层下打破生土。根据平面形状可分为弧形和长条形两种：

　　1．弧形沟1条

　　G1，位于T7东南部，开口第④层下打破生土，距地表55厘米，平面形状呈弧形，直壁，平底。沟内填土为灰黄色黏土，包含少量红烧土颗粒。全长680厘米，宽40～100厘米，深15厘米（图一二三）。

　　2．长条形沟2条

　　G2，位于T5东南部至T8东北部，开口第④层下打破生土，距地表约70厘米。向南延伸至T8北隔梁偏东。平面形状呈长条形，直壁平底。沟内填土为灰黄色黏土，包含少量红烧土颗粒，全长2000厘米，宽25～50厘米，深13厘米（图一二四）。

　　G3，位于T7中部偏南，开口第④层下打破生土，距地表55厘米，平面形状呈长

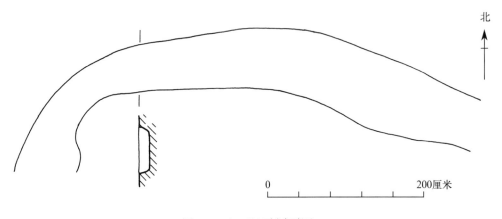

图一二三　G1平剖面图

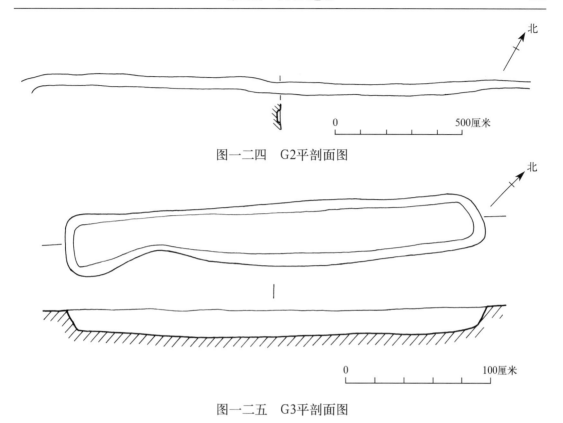

图一二四 G2平剖面图

图一二五 G3平剖面图

条形，斜壁，平底，沟内填土为灰黄色黏土，包含少量红烧土颗粒，全长290厘米，宽45厘米，深20厘米（图一二五）（表15）。

表15 小河口遗址沟(G)统计表　　　　单位：厘米

编号	位置	长度	最宽	最深	开口距地表深度（米）	沟内填土
1	T7东南④下	680	40～100	15	55	灰黄土、红烧土颗粒
2	T5东南④下	2000	25～50	13	70	灰黄土、红烧土颗粒
3	T7中偏南④	290	45	20	55	灰黄土、红烧土颗粒

五 灶

小河口遗址发现灶5个。均开口第④层下打破生土。根据平面形状可分为不规则形、"八"字形，"3"字形、不规则圆形四种。尺寸见表（表16）。

1．不规则形2个

Z1，位于T10南部偏东，开口第④层下打破H1及生土。用五块石头砌成不规则形。灶膛内填土为灰褐色，土质较疏松，包含有红烧土颗粒及炭屑，红烧土厚5厘米。南北长约45厘米，东西宽约35厘米，深7厘米（图一二六）。

表16　小河口遗址灶（Z）统计表　　　　　　　　　　单位：厘米

编号	位置	形状	口径	深、底径	烧土厚度	包含物
1	T10④南部偏东	不规则形（石砌结构）	东西宽35、南北长45	7	长80、宽15、厚5	灰褐土、红烧土、炭屑
2	T11④西偏南	"八"字形（石结构）	25～35	20		灰褐土、红烧土、炭屑、兽骨、夹砂陶碎片
3	T8④东偏南	不规则形，三面为红烧土	15～40	7	长80、宽20～25、厚5	灰褐土、炭屑、烧土、兽骨
4	T6④下中部偏北	"3"字形	34～40	16	6～12	黄褐土、红烧土及炭屑
5	T10④下偏南	不规则圆形	23～25	6～8	1～4	灰褐土、红烧土及炭屑

Z3，位于T10南部偏东，开口第④层下打破H及生土，形状呈不规则形。用5块

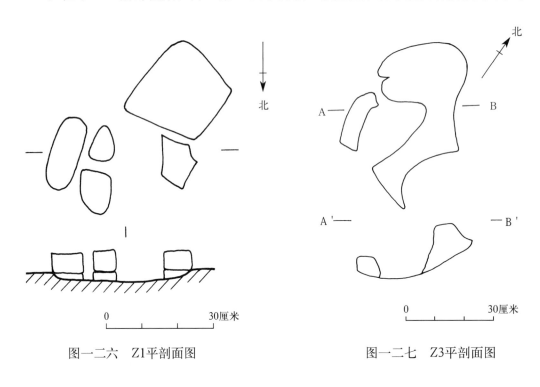

图一二六　Z1平剖面图　　　　　　　　图一二七　Z3平剖面图

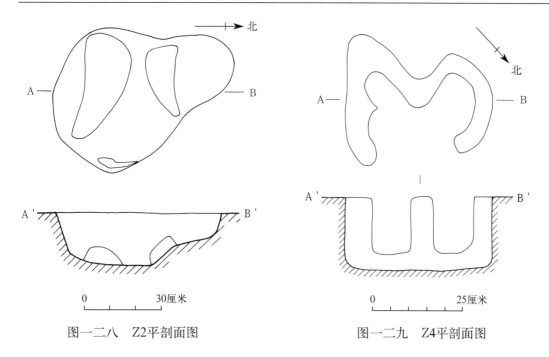

图一二八　Z2平剖面图　　　　　图一二九　Z4平剖面图

石块砌筑而成，石块坍塌，灶门朝南。灶内径15厘米，外宽40厘米，深7厘米。灶内填土为灰褐色，包含有大量炭屑和红烧土，南侧有大片红烧土，向西南延伸，长约80厘米，宽20~25厘米，厚5厘米（图一二七）。

2．"八"字形1个

Z2，位于T11西部偏南及F3室内东北约90厘米处，开口第④层下打破生土，灶用三块砌成"八"字形，灶门朝东北，灶内填土为灰褐色黏土，土质结构较松软，包含有大量红烧土及少量炭屑，出土遗物有少量兽骨及夹砂方格纹灰红陶罐残片，灶膛宽25厘米，灶门宽35厘米，残高20厘米（图一二八；图版二九，1）。

3．"3"字形1个

Z4，位于T6中部偏北，开口第④层下打破生土，土质结构。形状略呈"3"字形，灶三壁均为红烧土，直壁，壁厚6~12厘米，平底，方向坐西南朝东北。灶膛内填土为黄褐土，包含有红烧土、炭屑。灶长40厘米，宽34厘米，深16厘米（图一二九；图版二九，2）。

4．不规则圆形1个

Z5，位于T10南部偏西，开口第④层下打破生土。形状呈不规则圆形，四周及底部为1~4厘米厚红烧土，斜壁，平底，口东侧略低于西侧。灶坑内填土为灰褐色黏土，土质松软，包含有红烧土、炭屑，红烧土厚1~4厘米。口径23~25厘米，底径15~20厘米，深6~8厘米。

第三章　墓　葬

　　墓葬2座，编号为M1和M2(图版三〇，1、2)，方向北偏西125°。位于小河口遗址西北角，地表无封土。均为长方形石板墓，墓室规模较小，形制简单。墓顶盖板石已坍塌，墓葬四壁用石板竖立，底部用石板平铺，墓底深50厘米。墓室内有少量淤泥，M1长65～72厘米，宽25～33厘米，深40厘米，墓室内除发现类似鸟的骨骸外无任何随葬物(图一三〇)。

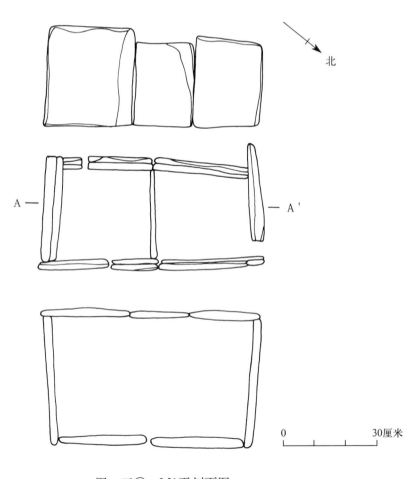

北

0　　　　　　　　30厘米

图一三〇　M1平剖面图

第四章 文化遗物

小河口遗址出土文化遗物主要有石器、骨器、陶器、铜器、铁器等，其中陶器最多，其次是铁器，铜器次之。

一 石 器

石器主要有石锛、箭镞、石砚等。

石锛 5件。均残断，单面斜刃，大小长短不等，有褐色、白色和灰色三种。05ZZDNT11：2，较为完整，残长4.1、柄宽3.6、厚1.2、刃宽4.4厘米（图一三一，1；图版三一，1）。

箭镞 1件。05ZZDNT5②：2，形制略呈桃形，镞身扁平，一面有疤痕，表面磨光，两边斜刃，镞尖锋利，下部圆弧，通长4.1、宽2.1、厚0.5厘米（图一三一，2；图版三一，2）。

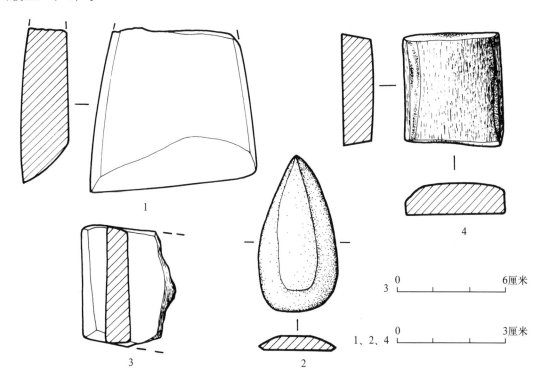

图一三一 石锛、箭镞、砚，骨片饰

1.石锛(05ZZDNT11：2) 2.石箭镞（05ZZDNT5②：2） 3.石砚(05ZZDNT11：2) 4.骨片饰(05ZZDNT8③：19)

石砚 2件。05ZZDNT11：2，残断，硅质岩，红褐色，通体磨光，长方形，残长5、宽6.4、厚1.4厘米（图一三一，3）。

二　骨　器

骨器 1件。

骨片饰 1件。05ZZDNT8③：19，形制略成正方形，两端齐平，两面粗磨光滑，可见刀痕，面略弧，背面尚见骨纹，长3、宽2.6、厚0.8厘米（图一三一，4）。

三　陶　器

出土陶器残片400片。根据胎质可分为夹砂陶和泥质陶两大系统。其中，夹砂陶近300片，约为80％，均为粗砂陶，均手捏制，火候较低，易碎，能辨认器形的有釜、罐、盆、钵等38件。陶色，由于烧制时火候不均，使陶器表面及胎中往往颜色不一致，大体分为灰红、灰褐和灰色及灰黄色四种。以灰褐陶为主，约占50％，灰红色次之，约占40％左右，灰陶较少，约占7％左右，灰黄色极少，仅占3％左右，陶器纹饰均粗绳纹。

泥质陶均为平底器，约100余块。均为泥条盘筑而成，多数口沿经慢轮加工修整，保留有明显的轮制痕迹，陶器内壁均有凹凸不平的手抹痕迹。陶色有灰、红及灰黄三种，以灰陶为主，约占90％，红陶约占8％，灰黄陶极少，约占2％。陶器纹饰有斜线方格纹及戳印纹和素面，以方格为主，戳印纹均夹在方格纹之中（图一三二）。方格纹约占90％左右，素面较少，只占10％左右。陶器能辨认器形的有罐、釜、盆、钵、器盖、网坠、纺轮和陶珠等（表17）。

0 　　　　　　　　4厘米

图一三二　陶器纹饰

表17　小河口遗址陶器型式统计表

序号	名称	型	层位	式	备注
1	罐	A	②	Ⅱ Ⅲ Ⅳ Ⅴ	
			③	Ⅰ	
		B	①	Ⅰ	
			②	Ⅱ Ⅶ Ⅷ Ⅸ	
			③	Ⅰ Ⅱ Ⅲ Ⅳ Ⅴ Ⅵ Ⅷ	
		C	②	Ⅰ	
		D	②	Ⅰ	
		E	①	Ⅱ Ⅲ Ⅳ Ⅴ	
			②	Ⅲ	
			③	Ⅰ	
		F	①	Ⅰ	
2	釜		①	Ⅱ Ⅴ	
			②	Ⅱ Ⅲ Ⅳ	
			③	Ⅰ	
3			②	Ⅰ Ⅲ	
			③	Ⅱ	
4	盆		①	Ⅰ Ⅳ	
			②	Ⅱ Ⅲ Ⅳ	
			③	Ⅰ	
5	器盖		①	Ⅰ	
6	网坠		①	Ⅳ Ⅴ	
			③	Ⅰ Ⅱ Ⅲ Ⅳ	
			④	Ⅰ	
7	纺轮		②	Ⅰ	
			③	Ⅱ Ⅲ	
8	陶球		①	Ⅰ	

　　罐　25件。6型。

　　A型　8件。分五式。

　　Ⅰ式，1件。05ZZDNT4③：1，夹砂褐陶，手捏制，器内壁可见凹凸不平的手抹痕迹，火候较低，圆唇，直口微撇，直颈外撇，圆肩，鼓腹，饰粗绳纹。口径20、残高3.4厘米（图一三三，1）。

　　Ⅱ式，1件。05ZZDNT4②：3，夹砂褐陶，手捏制，器内壁可见凹凸不平的手抹痕迹。火候较低，尖唇，斜沿，敞口，高领。口径11、残高3.8厘米（图一三三，2）。

　　Ⅲ式，4件。夹砂褐陶，手捏制，器内壁可见凹凸不平的手抹痕迹。火候较低，

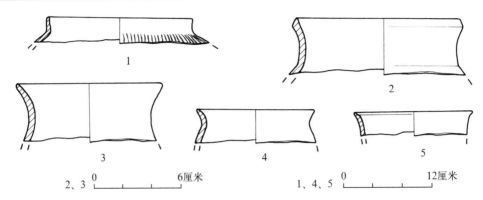

2、3 ├─────────────┤ 6厘米　　　　　1、4、5 ├─────────────┤ 12厘米

图一三三　A型夹砂陶罐

1. Ⅰ式(05ZZDNT4③：1)　2. Ⅱ式(05ZZDNT4②：3)　3. Ⅲ式(05ZZDNT5②：6)
4. Ⅳ式(05ZZDNT5②：4)　5. Ⅴ式(05ZZDNT5②：5)

尖唇，敞口，高领，标本05ZZDNT5②：6，口径10、残高3.8厘米（图一三三，3）。

Ⅳ式，1件。05ZZDNT5②：4，夹砂灰红陶，手捏制。器内壁可见凹凸不平的手抹痕迹，火候较低，易碎，尖唇，敞口，束颈，斜肩，素面。口径16、残高4.4厘米（图一三三，4）。

Ⅴ式，1件。05ZZDNT5②：5，夹砂褐陶，手捏制，器内壁可见凹凸不平的手抹痕迹。火候较低，尖唇，子母口，直颈。口径16、残高3.2厘米（图一三三，5）。

B型　17件。分九式。

Ⅰ式，4件。夹砂灰褐陶，手捏制，器内壁可见凹凸不平的手抹痕迹。平唇，敞口，束颈，饰粗绳纹。标本05ZZDNT9③：1，口径20、残高4.3厘米（图一三四，1）。标本05ZZDNT11：7，饰方格纹，口径26、残高3.6厘米（图一三四，2）。

Ⅱ式，2件。夹砂灰陶，手捏制，器内壁可见凹凸不平的手抹痕迹。方唇，敞口，束颈，颈部饰支垫。标本05ZZDNT8②：17，颈下饰细绳纹，口径16、残高4.6厘米（图一三四，3）。标本05ZZDNT8③：7，口径16、残高4.4厘米（图一三四，4）。

Ⅲ式，2件。夹砂灰褐陶，手捏制，器内壁可见凹凸不平的手抹痕迹。火候较低，圆唇，敞口，束颈，斜肩，饰粗绳纹。标本05ZZDNT8③：8，口径18、残高4.2厘米（图一三四，6）。标本05ZZDNT8③：1，口径16、残高3.8厘米（图一三四，5）。

Ⅳ式，1件。05ZZDNT7③：2，夹砂灰红陶，手捏制。方唇外斜，敞口，束颈，口径20、残高2.8厘米（图一三四，7）。

Ⅴ式，1件。05ZZDNT8③：3，夹砂褐陶，手捏制。器内壁可见凹凸不平的手抹痕迹。平唇，沿内外撇，敞口，束颈，口径26、残高3.4厘米（图一三四，8）。

Ⅵ式，2件。夹砂褐陶，手捏制，器内壁可见凹凸不平的手抹痕迹。火候较低，平唇，内沿磨平呈方形，敞口，束颈，标本05ZZDNT8③：4，口径26.4、残高3厘米

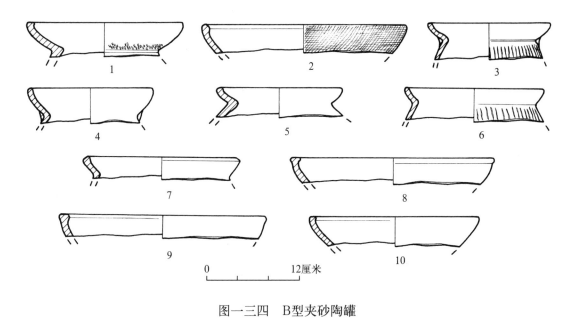

图一三四　B型夹砂陶罐

1、2.Ⅰ式(05ZZDNT9③：1、05ZZDNT11：7)　3、4.Ⅱ式(05ZZDNT8②：17、05ZZDNT8③：7)

5、6.Ⅲ式(05ZZDNT8③：8、05ZZDNT8③：1)　7.Ⅳ式(05ZZDNT7③：2)　8.Ⅴ式(05ZZDNT8③：3)

9、10.Ⅵ式(05ZZDNT8③：4、05ZZDNT8③：6)

（图一三四，9）。标本05ZZDNT8③：6，口径21.6、残高3.8厘米（图一三四，10）。

Ⅶ式，1件。05ZZDNT8②：14，夹砂陶，手捏制。器内壁可见凹凸不平的手抹痕迹，火候较低，尖唇内斜，敞口，口径24、残高4.2厘米（图一三五，1）。

Ⅷ式，2件。夹砂褐陶及灰陶，手捏制。器内壁可见凹凸不平的手抹痕迹，火候较低，圆唇，敞口，束颈，标本05ZZDNT8②：4，口径20.8、残高4.4厘米（图一三五，2）。标本05ZZDNT8③：2，口径20、残高2.8厘米（图一三五，3）。

Ⅸ式，2件。夹砂灰黄陶，手捏制。器内壁可见凹凸不平的手抹痕迹，火候较低，易碎，内斜唇，敛口，束颈，口沿外侧饰弦纹。标本05ZZDNT5②：2，口径26、残高4厘米（图一三五，4）。标本05ZZDNT5②：3，口径20、残高4厘米（图一三五，5）。

C型　1件。05ZZDNT5②：15，夹砂红陶，手捏制。器内壁可见凹凸不平的手抹痕迹，火候较低，易碎，圆唇，侈口，直颈，折腹，口径14、残高3.1厘米（图一三五，6）。

D型　1件。05ZZDNT8②：21，夹砂灰黄陶，手捏制。器内壁可见凹凸不平的手抹痕迹。火候较低，易碎，平唇，敛口，束颈，口径20、残高2.8厘米（图一三五，7）。

E型　7件。分五式。

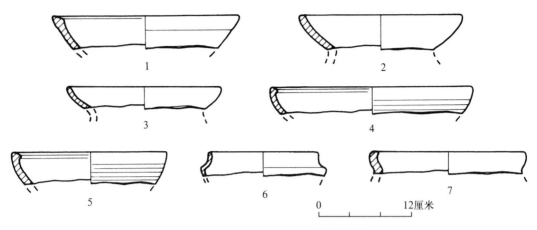

图一三五　　B、C、D型夹砂陶罐

1.B型Ⅶ式(05ZZDNT8②：14)　　2、3.B型Ⅷ式(05ZZDNT8②：4、05ZZDNT8③：2)
4、5.B型Ⅸ式(05ZZDNT5②：2、05ZZDNT5②：3)　6.C型(05ZZDNT5②：15)　7.D型(05ZZDNT8②：21)

Ⅰ式，1件。05ZZDNT7③：1，泥质灰陶，手制，器内壁可见凹凸不平的手抹痕迹。口沿慢轮加工，内壁可见凹凸不平的手制痕迹。火候较高，圆唇，敞口，微短领，溜肩，腹微鼓，腹下残，素面，口径22、腹径约26、残高6厘米（图一三六，1）。

Ⅱ式，1件。05ZZDNT11：4，泥质灰陶，手制，器内壁可见凹凸不平的手抹痕迹，口沿慢轮加工，内壁可见凹凸不平的手制痕迹。火候较高，圆唇，敞口，束颈，溜肩，腹微鼓，腹下残，素面。口径18、腹径约23、残高5.4厘米（图一三六，2）。

Ⅲ式，2件。泥质红陶，手制，器内壁可见凹凸不平的手抹痕迹，口沿慢轮加工。火候较高，尖唇，微敞口，短颈，斜肩，腹微鼓，平底内凹。标本(采集)上腹部饰方格纹。标本采集，口径25.7、腹径35、高38、底径28.3厘米（图一三六，3；图版三二，3）。标本05ZZDNT8②：23，尖唇略外翻，上腹饰方格纹及戳印纹。口径24.8、残高6厘米（图一三六，4）。

Ⅳ式，2件。泥质红陶，手制，器内壁可见凹凸不平的手抹痕迹，口部慢轮加工。火候较高，圆唇沿外翻，敞口，束颈，斜肩，腹微鼓。标本05ZZDNT4：4，上腹饰方格纹及戳印纹。口径21.4、腹径约28、残高8厘米（图一三六，5）。标本05ZZDNT4：5，上腹饰方格纹，口径19、腹径约23、残高6厘米（图一三六，6）。

Ⅴ式，1件。05ZZDNT11：6，泥质灰陶，手制，器内壁可见凹凸不平的手抹痕迹，口沿慢轮加工。火候较高，圆唇，子母口，束颈，溜肩，鼓腹，素面，表面施釉，口径18、残高2.8厘米（图一三六，7）。

F型　1件。05ZZDNT6：1，泥质灰陶，手捏制，器内壁可见凹凸不平的手抹痕迹。火候较高，口部残，鼓腹，平底，内侧饰釉，肩饰弦纹。腹径10.2、残高4厘米

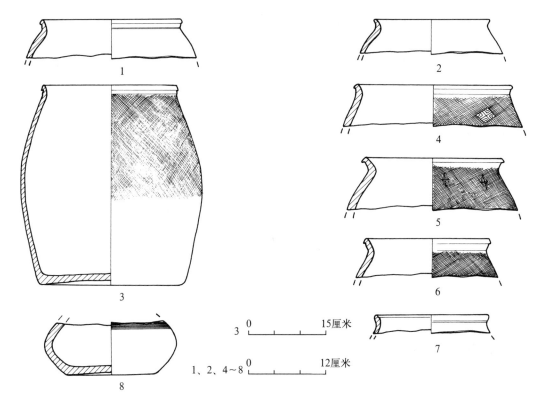

图一三六 E、F型泥质陶罐

1.E型 I 式(05ZZDNT7③：1) 2.E型 II 式(05ZZDNT11：4) 3、4.E型III式(采集、05ZZDNT8②：23)
5、6.E型IV式(05ZZDNT4：4、05ZZDNT4：5) 7.E型V式(05ZZDNT11：6) 8.F型(05ZZDNT6：1)

（图一三六，8）。

釜 9件。分四式。

I 式，3件。夹砂褐陶，手捏制，器内壁可见凹凸不平的手抹痕迹。方唇，敞口微内收，束颈，有的颈部饰支点，饰粗绳纹。标本05ZZDNT8③：1，口径28、残高5.2厘米（图一三七，1）。标本05ZZDNT8②：19，口径28、残高6厘米（图一三七，2）。

II 式，2件。夹砂褐陶，手捏制，器内壁可见凹凸不平的手抹痕迹。平唇，敞口微内收，束颈。标本05ZZDNT8：1，口径36、残高3.8厘米（图一三七，3）。标本05ZZDNT8②：15，口径28、残高4.6厘米（图一三七，4）。

III式，1件。夹砂褐陶，手捏制，器内壁可见凹凸不平的手抹痕迹。平唇，敞口微内收，束颈，标本05ZZDNT8②：7，口径24、残高3.2厘米（图一三七，6）。标本05ZZDNT11：9，口径28、残高3厘米（图一三七，5）。

IV式，2件。夹砂褐陶，手捏制，器内壁可见凹凸不平的手抹痕迹。火候较

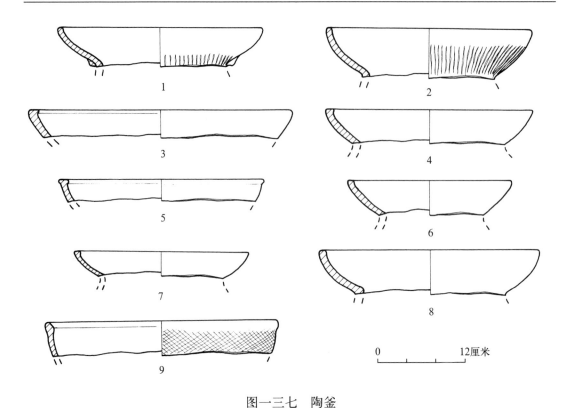

图一三七　陶釜

1、2.Ⅰ式(05ZZDNT8③：1、05ZZDNT8②：19)　3、4.Ⅱ式(05ZZDNT8：1、05ZZDNT8②：15)
5、6.Ⅲ式(05ZZDNT11：9、05ZZDNT8②：7)　7、8.Ⅳ式(05ZZDNT8②：9、05ZZDNT8②：16)
9.Ⅴ式(05ZZDNT11：10)

低，易碎，圆唇，敞口，束颈。标本05ZZDNT8②：9，口径22、残高4.7厘米（图一三七，7），标本05ZZDNT8②：16，口径30、残高6厘米（图一三七，8）。

Ⅴ式，1件。05ZZDNT11：10，夹砂褐陶，手捏制，器内壁可见凹凸不平的手抹痕迹。火候较低，易碎，圆唇，唇内侧斜，口微敞，饰方格纹，口径32、残高4.6厘米（图一三七，9）。

钵　3件。分三式。

Ⅰ式，1件。05ZZDNT9②：2，夹砂灰黄陶，手捏制，器内壁可见凹凸不平的手抹痕迹。火候较低，易碎，内斜唇，敛口，折腹，素面，口径22、残高3.2厘米（图一三八，1）。

Ⅱ式，1件。05ZZDNT7③：1，夹砂灰褐陶，手捏制，器内壁可见凹凸不平的手抹痕迹。火候较低，易碎，平唇略内斜，敛口，腹下内收，素面，口径22、残高5.2厘米（图一三八，2）。

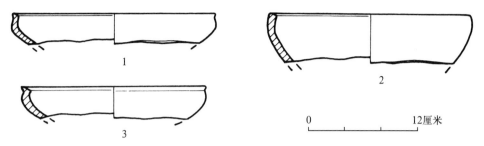

图一三八　陶钵

1. Ⅰ式(05ZZDNT9②∶2)　2. Ⅱ式(05ZZDNT7③∶1)　3. Ⅲ式(05ZZDNT4②∶2)

Ⅲ式，1件。05ZZDNT4②∶2，夹砂灰陶，手捏制。器内壁可见凹凸不平的手抹痕迹，火候较低，易碎，平唇内斜，敞口，腹下内收，素面，口径20、残高3.3厘米（图一三八，3）。

盆　7件。分五式。

Ⅰ式，2件。泥质灰陶，手捏制，器内壁可见凹凸不平的手抹痕迹。火候较高，平唇外撇，敞口，斜腹内收，底残，表面施釉。标本05ZZDNT8②∶12，口径30、残高5.6厘米（图一三九，1），标本05ZZDNT11∶3，口径30、残高3.6厘米（图一三九，2）。

Ⅱ式，1件。05ZZDNT4②∶1，泥质灰陶，手捏制，器内壁可见凹凸不平的手抹痕迹。火候较高，圆唇外撇，敞口，束颈，折腹下内收，底残，表面施釉。口径32、残高3.6厘米（图一三九，3）。

Ⅲ式，1件。05ZZDNT5②∶10，泥质灰陶，手捏制，器内壁可见凹凸不平的手抹痕迹。火候较高，平唇，敞口，微短颈，腹微鼓，腹下残，饰弦纹，表面施釉，口径18、残高3.8厘米（图一三九，4）。

Ⅳ式，2件。分别为泥质灰陶和灰黄陶，手捏制，器内壁可见凹凸不平的手抹痕迹。火候较高，平唇，敞口，束颈，腹微鼓，腹下残。标本05ZZDNT6∶2，饰拍印方格纹及弦纹，口径28、残高5厘米（图一三九，5），标本05ZZDNT9②∶1，口径28、残高4.6厘米（图一三九，6）。

Ⅴ式，1件。05ZZDNT11∶8，泥质灰黄陶，手捏制，器内壁可见凹凸不平的手抹痕迹。火候较高，平唇，口微撇，短颈，折腹下内收，饰弦纹，表面施釉。口径26、残高4.8厘米（图一三九，7）。

器盖　1件。05ZZDNT4∶3，泥质灰陶，手捏制，器内壁可见凹凸不平的手抹痕迹。火候较高，圆沿，子母口，盖面弧形，盖面饰绿釉，口径14.4、残高3厘米（图一三九，8）。

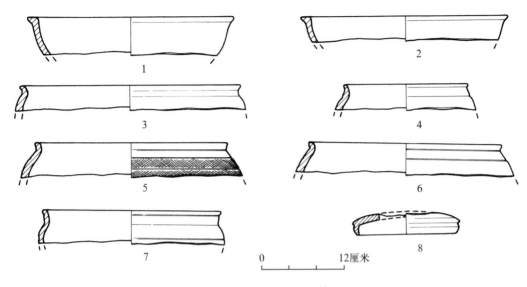

图一三九　陶盆、器盖

1、2. I 式盆（05ZZDNT8②：12、05ZZDNT11：3）　3. II 式盆（05ZZDNT4②：1）　4. III 式（05ZZDNT5②：10）
5、6. IV 式盆（05ZZDNT6：2、05ZZDNT9②：1）　7. V 式盆（05ZZDNT11：8）　8. 器盖（05ZZDNT4：3）

网坠　20件。分五式。

I式，10件。均为泥质灰陶。手捏制，其中2件残断，橄榄形，中间粗两端细，形制大体相同，长短不一，粗细不等，标本05ZZDNT5④：1，长5.2、直径1.2厘米（图一四〇，1）。05ZZDNT8③：7，长4.6、直径1.8厘米（图一四〇，2；图版三一，3）。

II式，1件。05ZZDNT4③：1，泥质灰陶。手捏制，圆锥形，两端细中间粗，近两端各有一道凹弦槽用以拴网绳。长 5.7、直径0.7~1.9厘米（图一四〇，3；图版三一，5）。

III式，5件。大多残断，均为泥质灰陶。手捏制，圆柱形，长短粗细不等，泥质灰褐陶，中间有穿孔，用以拴网绳。标本05ZZDNT8③：2，残长2.9、直径0.7厘米（图一四〇，4）。

IV式，2件。一件残断，一件完整，泥质灰陶，手捏制，略呈圆柱形，中间有竖孔，标本05ZZDNT10：3，长2、直径1厘米（图一四〇，5；图版三一，5）。

V式，2件。均为泥质灰陶。手捏制，圆柱体，上端细下端粗，下端向内凹。标本05ZZDNT10：1，长4.9、直径1.7厘米（图一四〇，6；图版三二，1）。

纺轮　4件。分三式。

I式，1件。05ZZDNT7②：3，细泥质灰陶，轮制，算珠形，中部有穿孔，高2.5、直径3.2厘米（图一四一，1）。

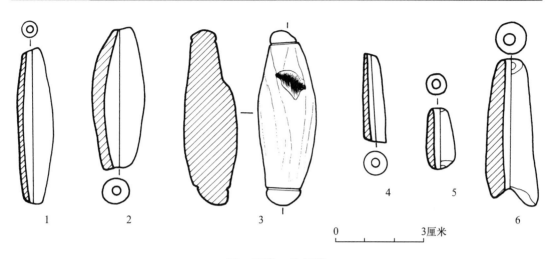

图一四〇　陶网坠

1、2.Ⅰ式(05ZZDNT5④:1、05ZZDNT8③:7)　3.Ⅱ式(05ZZDNT4③:1)　4.Ⅲ式(05ZZDNT8③:2)
5.Ⅳ式(05ZZDNT10:3)　6.Ⅴ式(05ZZDNT10:1)

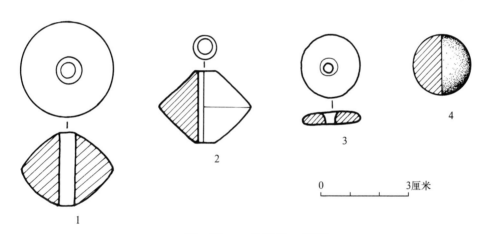

图一四一　陶纺轮、陶球

纺轮:1.Ⅰ式(05ZZDNT7②:3)　2.Ⅱ式(05ZZDNT5③:1)
3.Ⅲ式(05ZZDNT7③:2)　4.陶球(05ZZDNT11:1)

　　Ⅱ式,2件。六边形,形状大小不等,泥质灰陶,轮制,两面平整,中部有穿孔。标本05ZZDNT5③:1,高2.5、直径3.1厘米（图一四一,2;图版三二,2）。

　　Ⅲ式,1件。05ZZDNT7③:2,细泥质灰陶,轮制,扁平形,中部有穿孔。高0.4、直径2厘米（图一四一,3）。

　　陶球　5件。均为泥质灰陶。手捏制,圆形,形状大小不等,陶色有红、灰、红褐色三种,标本05ZZDNT11:1,直径2厘米(图一四一,4)。

四　铜　器

小河口遗址出土青铜器主要有箭镞、带扣、扣饰、手镯、顶针、器耳、钉、簪及刻刀等（表18）。

表18　小河口遗址铜器型式统计表

序号	名称	型	层位	式	备注
1	铜箭镞		①	Ⅱ　Ⅲ	
			③	Ⅰ　Ⅳ	
			④	Ⅲ	
2	铜带扣		③	Ⅰ　Ⅱ	
3	铜扣饰		②	Ⅰ	
4	铜手镯		②	Ⅱ	
			③	Ⅰ　Ⅲ　Ⅳ	
5	铜顶针		①	Ⅰ	
6	铜鸟形器耳		②	Ⅰ	
7	铜钉		③	Ⅰ	
8	铜簪		①	Ⅰ	
9	铜刻刀		③	Ⅰ	

箭镞　7件。分四式。

Ⅰ式，2件。大小不等，其中1件两面有血槽，镞头呈三棱形，无倒刺，关六棱形，铤呈圆柱形。标本05ZZDNT5③：9，通长3.5、镞身长2.1、关长0.7、铤残长0.7厘米（图一四二，1；图版三五，1）。

Ⅱ式，2件。镞身呈三角形，关六棱形，空心，标本05ZZDNT10：4，通长3、镞身长3、关长0.5厘米（图一四二，2；图版三五，2）。

Ⅲ式，2件。镞身呈三角形，关六棱，标本05ZZDNT4：1，铤中空残断，通长3.9、镞身长2.4、关长0.5、铤长1厘米（图一四八，3；图版三五，3）。标本05ZZDNT5④：3，镞无血槽，铤圆柱实心，通长8.7、镞身长2.6、关长0.3、铤长5.8厘米（图一四二，4；图版三五，4）。

Ⅳ式，1件。05ZZDNT8③：11，棱形，横断面略呈四棱形，后锋有倒刺，铤圆柱体，略残，空心。残长3.2、镞身长2.6、铤残长0.6厘米（图一四二，5；图版三五，5）。

带扣　2件。分二式。

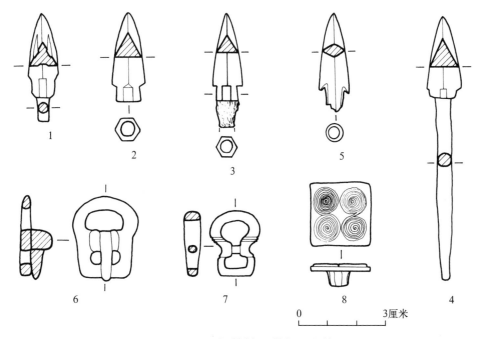

图一四二　铜箭镞、带扣、扣饰

1. I式箭镞(05ZZDNT5③：9)　2. II式箭镞(05ZZDNT10：4)　3. 4. III式箭镞(05ZZDNT4：1,05ZZDNT5④：3)
5. IV式箭镞(05ZZDNT8③：11)　6. 7. I式带扣(05ZZDNT5③：8、II式带扣(05ZZDNT5③：12)
8. 扣饰 (05ZZDNT9②：4)

　　I式，1件。05ZZDNT5③：8，铸造，形制半方半圆，横梁一侧为半圆形，另一侧为长方形，横梁中部有一扣钉。通长2.8、宽1.7~2.2厘米（图一四二，6；图版三四，4）。

　　II式，1件。05ZZDNT5③：12，铸造，形制一半椭圆一半方，横梁一侧为椭圆形，另一侧为方形，横梁中部有一扣钉，已残断。通长2.2、宽1.3~1.5厘米（图一四二，7；图版三四，5）。

　　扣饰　1件。05ZZDNT9②：4，铸造，四方形，背面饰钮，正面饰螺旋纹，边长2.1、高0.8、钮高0.5厘米（图一四二，8；图版三四，1）。

　　手镯　4件。分四式。

　　I式，1件。05ZZDNT6③：5，完整，形制圆形，铜条弯制锻打而成，横断面呈椭圆形，内侧略扁，直径4.3厘米（图一四三，1）。

　　II式，1件。05ZZDNT7②：2，残断，圆形，系扁铜条锻打弯曲而成，横断面呈长方形，直径6.2、边宽0.6、厚0.3厘米（图一四三，2；图版三四，3）。

　　III式，1件。05ZZDNT5③：5，残断，宽边圆形，锻打弯曲而成，面上铸造有弦纹和叶脉纹，断面两头各钻两小孔，直径6.4、边宽0.9、厚0.2厘米（图一四三，3；

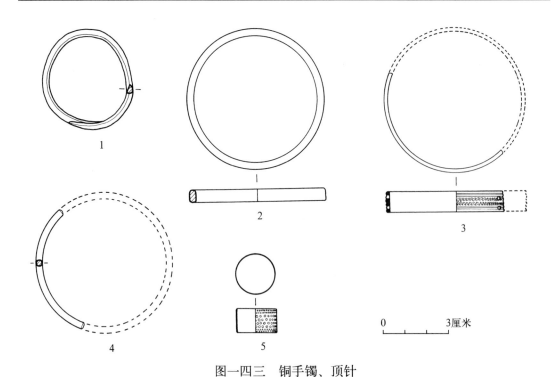

图一四三　铜手镯、顶针

1. I式手镯(05ZZDNT6③：5)　2. II式手镯(05ZZDNT7②：2)　3. III式手镯(05ZZDNT5③：5)
4. IV式手镯(05ZZDNT8③：21)　5. 顶针(05ZZDNT11：6)

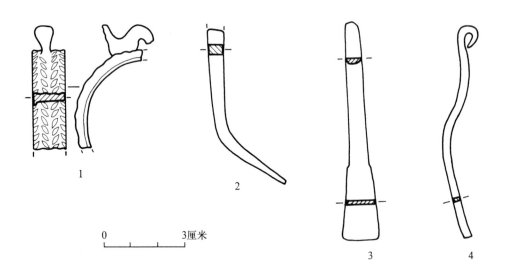

图一四四　铜鸟形器耳、钉、簪、刻刀

1. 鸟形器耳(05ZZDNT9②：5)　2. 钉(05ZZDNT8③：16)　3. 簪(05ZZDNT8③：3)　4. 刻刀(05ZZDNT8③：2)

图版三四，2）。

Ⅳ式，1件。05ZZDNT8③：21，圆形，残存约三分之一，圆形铜条锻打而成。直径6.2厘米（图一四三，4）。

顶针 1件。05ZZDNT11：6，薄无接缝，表面饰8圈未穿的小凹。直径1.8、宽1.1厘米（图一四三，5）。

鸟形器耳 1件。05ZZDNT9②：5，铸造，宽边，面上铸造有叶脉纹，上部铸有一鸟。残高4.9、宽1.2、厚0.3厘米（图一四四，1；图版三三，4）。

钉 1件。05ZZDNT8③：16，锻打，上宽下窄，上扁下方呈锥状，前端约三分之一处略有弯曲。通长6.5、上部宽0.7、厚0.4~1.2厘米（图一四四，2；图版三三，3）。

簪 1件。05ZZDNT8：3，形制扁平，长条形，上宽下窄，略呈锥状。通长7.5、宽0.4~1.2厘米（图一四四，3；图版三三，1）。

刻刀 1件。05ZDDNT8③：2，锻打，长条形，扁平，上端锻打弯曲呈环便于系带，下端斜刃，通长7.5、宽0.3厘米（图一四四，4；图版三三，2）。

五 铁 器

小河口遗址出土铁器主要有钯钉、马钉、长体铲、镰刀、凿、削刀、小刀、直柄刀、凿、叉、钩、销子、凹口锸、板状斧和箭镞等（表19）。

表19 小河口遗址铁器型式统计表

序号	名称	型	层位	式	备注
1	铁钯钉		③	Ⅰ	
2	铁马钉		③	Ⅰ	
3	铁长体铲		③	Ⅰ	
4	铁镰刀		②	Ⅰ	
5	铁凿刀		③	Ⅰ	
6	铁削		③	Ⅰ	
7	铁小刀		②	Ⅳ	
			③	Ⅰ Ⅱ Ⅲ Ⅴ	
8	铁直柄刀		③	Ⅰ	
9	铁凿		③	Ⅰ	
10	铁叉		③	Ⅰ	
11	铁钩		③	Ⅰ	
12	铁销钉		① ②	Ⅰ Ⅱ	

13	铁凹口锸		②		I	
14	铁板状斧		③		I	
15	铁箭镞		③		I	

　　钯钉　1件。05ZZDNT5③：1，锻造，形制呈十字状，四角齿弯曲，其中两齿残断。长7.1、宽1.2、厚1厘米（图一四五，1；图版三六，1）。钯钉，多用于船的连接起固定作用。

　　马钉　3件。锻造，整器呈Ⅱ字形，两端向同一方向弯折成直角尖锋，其中一端钉齿残断，标本05ZZDNT7③：1，残长6.3、宽0.8、厚0.5厘米（图一四五，2；图版三六，2）。马钉，多用于建筑物及船和棺木的连接处起固定作用。

　　长体铲　1件。05ZZDNT6③：4，锻铁件，系用铁板锻制而成，銎部留锻接缝，椭圆形銎，圆肩，刃略呈弧形，刃部有使用痕迹，背面銎部上部闭合，下部作三角形敞开。长10.5、銎残长5.8、銎径2～3、铲长4.7、铲宽5.3、厚0.6厘米（图一四五，3；图版三六，3）。

　　镰刀　1件。05ZZDNT5②：3，锻造，镰体后部近直，前部弯曲，镰体前窄后

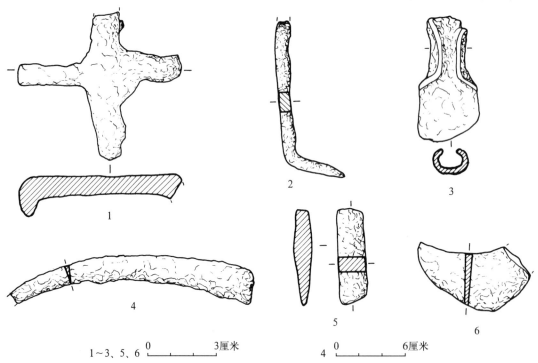

1～3、5、6 ├─────────┤ 3厘米
　　　　　0　　　　　　　

4 ├─────────┤ 6厘米
　0　　　　　　　

图一四五　铁钯钉、马钉、长体铲、镰刀、凿、削刀

1.钯钉(05ZZDNT5③：1)　2.马钉(05ZZDNT7③：1)　3.长体铲(05ZZDNT6③：4)
4.镰刀(05ZZDNT5②：3)　5.凿刀(05ZZDNT8③：6)　6.削刀(05ZZDNT8③：11)

宽，整体较细长，背部起脊，刃口饰锯齿，刃薄而锋利。残长21、宽1～2.8厘米（图一四五，4；图版三六，5）。

凿刀　1件。05ZZDNT8③：6，锻造，长方形，上端厚，下端扁，双面刃。长4、宽1.2、厚0.7厘米（图一四五，5）。

削刀　1件。05ZZDNT8③：11，锻造，翘柄，首部扁平比Ⅰ式较宽，柄与刀背呈内弧形，刀身宽短呈靴形状。长4.6、柄残长1.2、宽1.7、刀身长3.4、宽2.3厘米（图一四五，6；图版三八，5）。

小刀　7件，分五式。锈蚀严重。

Ⅰ式，1件。05ZZDNT5③：3，锻造，柄上翘，扁平，剖面呈方形，刀背平直略弧，刀身细长，刃略弧，刃尖略向上翘，长14.3、刀身长8.6、宽1.8、柄长5.7、宽0.8厘米（图一四六，1；图版三八，1）。

Ⅱ式，3件。05ZZDNT8③：5，锻造，较Ⅰ式宽，刃平直，刀背尖部向下呈弧形，通身长8.3、刀身长4.5、宽1.4、柄长4.3、宽0.8厘米（图一四六，2；图版三八，2）。

Ⅲ式，1件。05ZZDNT8③：13，锻造，残，残略向上翘，刃部呈弧形，刃尖圆钝，刀背直。残长8.3、刀身长7.7、宽1.8、柄残长0.6厘米（图一四六，3）。

Ⅳ式，1件。05ZZDNT9②：8，锻造，形制与Ⅲ式基本相似，刀身较Ⅲ式短。残长6.7、刀身长3、宽1.5、柄残长3.7、宽1.1厘米（图一四六，4；图版三八，3）。

Ⅴ式，1件。05ZZDNT8③：2，锻造，刀身形制与Ⅲ式相似，刀柄略向下弯，残长7.9、刀身长5.8、宽1.1、柄残长2.1、宽0.8厘米（图一四六，5；图版三八，6）。

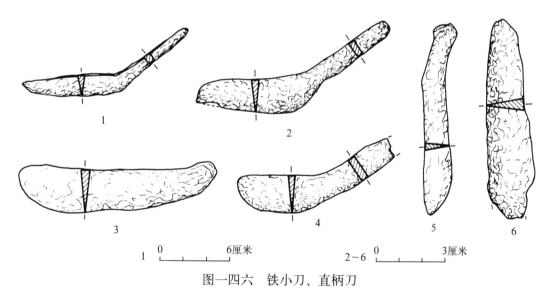

1　0————6厘米　　　2～6　0————3厘米

图一四六　铁小刀、直柄刀

1.Ⅰ式小刀(05ZZDNT5③：3)　2.Ⅱ式小刀(05ZZDNT8③：5)　3.Ⅲ式小刀(05ZZDNT8③：13)
4.Ⅳ式小刀(05ZZDNT9②：8)　5.Ⅴ式小刀(05ZZDNT8③：2)　6.直柄刀(05ZZDNT8③：12)

　　直柄刀　5件。锻造，锈蚀严重，柄残断，刀背平直，刀身长短宽窄不等，刃部略弧。标本05ZZDNT8③：12，残长8.4、最宽2厘米（图一四六，6；图版三八，4）。

　　凿　2件。锻造，锈蚀严重。扁平，略呈长方形，顶端有打击痕迹，刃部扁平，斜刃。标本05ZZDNT8③：9，长4.9、宽0.7～1.5、厚0.5、刃宽0.6厘米（图一四七，1）。标本05ZZDNT9③：1，长4.3、宽1.1～1.4、厚0.6、刃宽1厘米（图一四七，2；图版三七，3）。

　　叉　1件。05ZZDNT9③：4，铸造，柄扁平，其中一叉残断。残长9.3、柄长6.9、宽0.7～1.9、厚0.4、叉残长2.4厘米（图一四七，3；图版三七，2）。

　　钩　1件。05ZZDNT9③：6，锻造，残断，锈蚀严重，形体较小，柄圆柱形，钩尖较粗。残长3.2、直径0.6、钩长1.4厘米（图一四七，4）。

　　销钉　2件。分二式。

　　Ⅰ式，1件。05ZZDNT8：3，锻造，长条形，扁平，两端细中间粗，通长15.1、宽1.2厘米（图一四〇，5；图版三七，1）。

　　Ⅱ式，1件。05ZZDNT7②：1，锻造，形制长方形，两端细中间粗，断面呈四方形，通长9.3、宽0.8厘米（图一四七，6）。

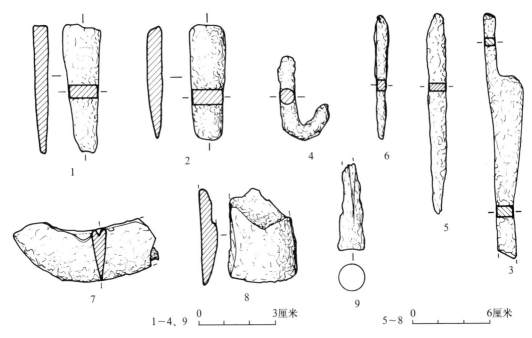

图一四七　铁凿、叉、钩、销钉、凹口锸、箭镞

1、2.凿(05ZZDNT8③：9、05ZZDNT9③：1)　3.叉(05ZZDNT9③：4)　4.钩(05ZZDNT9③：6)
5、6.Ⅰ式销钉(05ZZDNT8：3)　Ⅱ式销钉(05ZZDNT7②：1)　7.凹口锸(05ZZDNT6②：1)
8.板状斧(05ZZDNT6③：3)　9.箭镞(05ZZDNT6③：2)

凹口锸　1件。标本05ZZDNT6②：1，锻造，只残存刃部，刃部外弧呈舌形或三角形，两侧扁平略内弧，一侧残，残高4.8、残宽11.2厘米（图一四七，7；图版三七，5）。

板状斧　1件。05ZZDNT6③：3，锻造，形制扁平板状，无銎，上部残断，平面略呈梯形，平顶，刃略弧.残长7.1、宽4.6～5.8、顶部厚1.4厘米（图一四七，8；图版三六，4）。

箭镞　1件。05ZZDNT6③：2，铸造，形制呈锥状，凿体断面呈方形，刃部扁平.残长3.3、宽0.7、刃宽0.4厘米（图一四七，9；图版三六，4）。

六　其　他

小河口遗址出土钱币8枚。即五铢、货泉、贝币和无纹钱等。

五铢钱　5枚。正面有外廓无内廓，背面有内、外廓，"五"字中间两笔弯曲，05ZZDNT11：3，径2.6厘米（图一四八，1）。

货泉　1枚。05ZZDNT8③：15，正面有外廓无内廓，背面有内、外廓，径2.3厘米（图一四八，2）。

贝币　1枚。05ZZDNT9③：3，椭圆形，中间饰孔，长1.5、宽1.1厘米。

直百五铢　1枚。05ZZDNT8③：20，正面有外廓无内廓，背面有内、外廓。径2.7厘米（图一四八，3）。

无纹钱　1枚。05ZZDNT8③：4，铜质，形似"半两"，内外无廓，穿孔较大，体小轻薄，锈蚀较重，直径1.9、孔径1厘米（图一四八，4）。

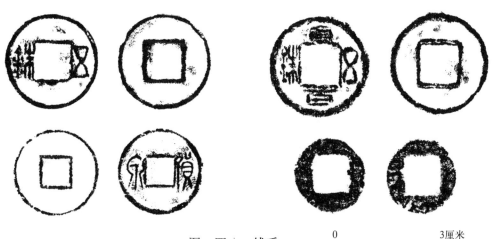

0　　　　　　　　　3厘米

图一四八　钱币

五铢钱(05ZZDNT11：3)　货泉(05ZZDNT8③：15)　直百五铢(05ZZDNT8③：20)　无文钱(05ZZDNT8③：4)

第四编　文化性质及年代

第一章　文化性质

2005年冬，为配合北盘江流域的董箐电站的施工建设，在北盘江下游东西两岸的镇宁县良顶坛村坝包田脚脚及贞丰县者相镇大坪村董箐小河口两遗址进行首次发掘。两处遗址中，田脚脚遗址文化内涵比较丰富，文化特征和文化性质比较典型，小河口遗址出土文化遗物较少，器物形制比较单纯，陶器文化特征与北盘江东岸的田脚脚遗址出土陶器特点基本一致。就其文化内涵而言，它们既不同于贵州安顺宁谷汉遗址及墓葬出土的文化遗存，也不同于兴义万屯及兴仁交乐汉墓出土的文化遗存和普安铜鼓山战国秦汉遗址的文化遗存，具有更多的自身文化特点。田脚脚及小河口两遗址的发掘，其文化遗存可作为北盘江中游这一时代文化的代表。使我们对北盘江地区的文化遗存的性质有一个比较粗浅的认识。下面从出土文化遗物和居住建筑遗迹来进行分析。

田脚脚遗址第③层和第④层出土文化遗物有石器、骨器、陶器、青铜器、铁器等。石器有：石斧、石手镯、石璜、石陶拍等。骨器有：锥、簪、环。陶器有：夹砂陶圜底罐、釜和钵。泥质陶有罐、四系罐、缶、盂、盘、圈足、锥足、钵、盆、碗、杯、器盖及数百件渔网坠等。青铜器有：弩机、箭镞、蒺藜、扣饰、带扣、泡钉、手镯、顶针、指环、耳环、簪、铜铃、砝码、凿、销子、器柄、漆耳杯残件、铜镜等。铁器有：箭镞、钩、刀、砍刀、刻刀、削、斧、钉、弧刃刀、錾、铁剑格、环、凿、钳子、铲、铁棒、销子、器耳、网坠、残铁器等。

小河口遗址第③和第④层出土文化遗物有石器、骨器、陶器、青铜器、铁器等，石器有：石锛、箭镞、石砚等。骨器只发现骨片饰。陶器有：罐、釜、盆、钵、器盖、网坠等。青铜器有：箭镞、带扣、扣饰、手镯、顶针、鸟形器耳、钉、簪及刻刀等。铁器有：钯钉、马钉、长体铲、镰刀、凿、削刀、小刀、直柄刀、凿、叉、钩、销子、凹口锸、板状斧和箭镞等。从器物形制来看，田脚脚遗址中未发现小河口遗址出土的铁叉、钩、凹口锸、板状斧、叉、钯钉、马钉、长体铲、镰刀等器物。小河口遗址中未发现田脚脚遗址出土的石手镯、石球、石璜、石陶拍、石环、骨锥、骨簪、骨环，四系罐、缶、盂、盘、圈足、锥足、碗、杯，铜弩机、箭镞、蒺藜、指环、耳环、铜铃、砝码、凿、销钉、器柄，铁箭镞、钩、砍刀、刻刀、钳子、铲、铁棒、销钉、器耳、网坠等器物。

陶器纹饰方面：田脚脚遗址出土夹砂陶器表主要装饰有粗、中、细三种绳纹为主，其次有叶脉纹、水波纹、压印纹、方格纹等。泥质陶器表装饰主要以拍印方斜线格纹为主，其次有压印方格纹、戳印纹、波浪纹、绳纹、刻划纹、芒纹和素面。小河口遗址出土夹砂陶器表装饰主要是粗、中、细绳纹及压印方格纹四种纹饰。泥质陶器表装饰主要是斜线方格纹及戳印纹，而未见田脚脚遗址出土夹砂陶器中的叶脉纹、水波纹，及泥质陶中的波浪纹、绳纹及刻划纹和芒纹。虽然董箐两遗址出土的陶器及青铜器和铁器在形制有所不同，两遗址出土的夹砂陶罐和釜均为敞口、翻沿、圜底，表面以粗、中、细绳纹为主，其次是压印方格纹。泥质陶中的少数罐的形制和钵及盆的形制基本相同，在陶器的加工制作方面，均以手制为主，慢轮加工为辅，陶质、陶色或器表装饰上都非常相近或相同。因此，初步认为田脚脚及小河口两遗址虽有一江之隔，相距约200米，但它们的文化性质确基本一致，应属于同一时期的文化遗存。

董箐两遗址共发现房屋建筑遗迹6座。

1）田脚脚遗址发现3座，分为长方形和半圆形两种，Ｆ1开口第四层下部，柱洞打破生土，为长方形地面建筑，由10个柱洞排列组成，面积约27.7平方米。Ｆ2开口第四层下部，柱洞打破生土，为长方形地面建筑，由8个柱洞组成，面积约20平方米。Ｆ3为半圆形窝棚式房屋建筑，开口第三层下打破第四层，由12个柱洞排列为半圆形，现存面积约31.4平方米。初步推测这三座房屋建筑遗迹应属于木结构建筑。

柱洞共发现256个，除3座房址的30个柱洞分布有规律外，其他226个分布比较分散而没有规律，其柱洞的基本特点与房屋柱洞基本相同，认为这些没有规律的柱洞可能属于挖造后废去的柱洞。数量众多的柱洞，也许有其他用途，但目前尚不清楚。灶18个，除少数是挖造而成外，大多数是用石块砌成，分布在房址以外及其周围。

2）小河口遗址发现3座。均为长方形。开口第④层下部，柱洞打破生土。Ｆ1平面呈长方形，坐西南朝东北，由21个柱洞排列组成，面阔三间，面积约48.6平方米，墙脚为沟形基槽，槽内除主要柱洞外，还有排列大小不等、深浅不一的小洞穴，这些洞穴应是作为木骨泥墙所用，第一间西墙南角开一门道，室内中偏西有一灶，南墙近中央开一门与第二间相通，第二间西墙近西北角开一门道可进入第二间室内，第二间南墙中央开一门与第三间相通。Ｆ2平面呈长方形，房址的东端及东北角破坏严重，残存面积现只保存房址南端基槽中的7个柱洞，柱洞大小及深浅基本一致。Ｆ3为地面建筑，由北至南，平面布局为呈长方形，面积约170.38平方米。由120个大小及深浅不等的柱洞排列组成，面阔四间，每间房内均有隔墙，每间隔墙均保留有基槽。四周墙脚及每间隔墙均有基槽，槽内除主要柱洞外，还有大小不一及深浅不等的小洞穴，这些洞穴应是作为木骨泥墙所用。房屋的修筑方法是先挖墙基槽，于基槽内埋有密集圆木，推测在圆木内外侧抹泥形成木骨泥墙。

第二间被G2打破，第三间南墙被耕耘破坏，北墙保存完整，西北角及东北角近西侧各开有门道进入室内，西墙中部偏北开有门道进入室内，门道宽约150厘米左右，南墙保存完整，近西北角开有门道进入室内，门道宽约260厘米左右，灶15个，除及少数是挖造而成外，大多数是用石块砌成，这些多分布在房址以外及其周围。

从田脚脚及小河口两遗址发现的灶的分布情况看，这可能与房址较小或生活习俗有一定关系。今天居住在北盘江两岸的当地较贫困的居民由于房屋较窄，多把灶挖造在正房以外，或者搭建简易的灶房，这与居住在北盘江两岸的古代居民使用灶的情况基本一致。说明田脚脚及小河口两遗址居民的习俗，沿袭使用，保留至现在。

田脚脚及小河口两遗址的房址平面建筑结构分析，可分为四种类型，一是董箐田脚脚遗址F1和F2为长方形单间房址。二是董箐田脚脚遗址F3为半圆形房址。三是小河口遗址F1及F3的两座房址属于木骨泥墙的多间长方形建筑房址。四是小河口遗址的F2为基槽式单间长方形房址。董箐两遗址房址柱洞形制是相同的。居住面均为硬土面。从房址的基本特征推断，两遗址的房屋形制与贵州现有的"干栏式"房屋建筑完全不同。目前我们只在贵州境内的东汉墓中发现有"干栏式"房屋建筑模型。贵州的"干栏式"房屋建筑出现在什么时代，现在尚不清楚。贵州境内现在普遍居住"干栏式"房屋的有苗族、布依族、侗族……等。从田脚脚及小河口两遗址的房址表明，这两处古代文化遗址显然不是他们的先民居住的。

第二章　　年代问题

田脚脚及小河口两遗址的地层堆积，可以分为四层。第①层为现代耕土层，第②层为扰土层，出土物比较混杂，包含物中有少数清代钱币和宋代钱币及青瓷圈足碗底、铜烟嘴、烟斗、铅锤、铅网坠等，同时也出土有早期的夹砂陶和泥质陶残片。第③层和第④层为文化层。第③层出土有夹砂绳纹陶罐及泥质陶罐、釉陶钵、釉陶盆、釉陶器盖及青铜器和铁器等。第④层出土有夹砂绳纹及叶脉纹陶罐和釜，泥质陶中有罐、四系罐、缶、盂、釉陶钵、釉陶盆、釉陶器盖、碗等残件，以及青铜器和铁器。

田脚脚遗址的三座房址有明显的不同，F1及F2发现在第④层下生土面上，房址平面结构均属长方形，F3发现于第③层下，房址平面结构属半圆形窝棚式建筑，从层位关系上看，它们不是在同一层位，但从第③层和第④层出土的夹砂陶和泥质陶的器物群的组合关系上分析，找不到明显的差别。

　　小河口遗址的三座房址均发现在第④层下生土面上，房址平面结构属长方形地面基槽式木骨泥墙房屋建筑，它们之间不同的是在房屋的开间和面阔大小而已，房屋建筑的基本特点是一致的，从出土夹砂陶和泥质陶器物群的组合关系看，其基本特点是一致的。

　　田脚脚及小河口两遗址的房址的平面结构存在着明显的差异性，从地层关系上有早晚之别，但从第③层和第④层出土的文化内涵所反映的情况来看，它们均以泥质陶为主，夹砂陶次之；陶器形制、加工制作、陶色及纹饰等方面分析，它们的文化特点基本一致。因此，初步认为董箐两遗址的房址可能属于同一文化类型的不同建筑风格。

　　关于两遗址的时代，我们从第③层和第④层出土有明确纪年的钱币的　"五铢"钱、"货泉"、"祥符元宝"和"皇宋通宝"、"大观通宝"及"宣和通宝"，以及北京大学考古文博学院科技考古与文物保护实验室的热释光测年代数据及碳-14测试年代数据报告，来判断地层的年代。田脚脚遗址第④层热释光测年代数据为距今1441±81至1059±57年，第③层碳-14测试年代为距今1140±35年，小河口遗址第③层碳-14测试年代为距今980±35年。因此，该遗址的地层形成时代第④层可以推断为魏晋时期，第③层可以推断为隋唐时期。

　　综合田脚脚及小河口两处遗址中发现的六座房址建筑特点，虽然它们的建筑特点各有不同，但它们在文化遗物中都有形制相同的灰褐色夹砂陶盘口圜底罐及釜和泥质陶中的罐、钵、盘之类器物，其基本特征是一致的，应属于同一类型文化的遗存。两遗址虽然只是一江之隔，相距200米左右，但从董箐两遗址出土的文化遗物或是房屋的结构方面来看，却存在一定的差异。这种差异，可能与贵州北盘江流域从古至今是多民族集聚区有一定的关系。董箐两遗址的发掘不仅在北盘江流域考古工作中填补了地域与时间上的缺环，也为考古学文化类型的划分、编年和族属的探索提供了相应的资料。

编 后 记

2005年3月，贵州省文物考古研究所根据《中华人民共和国文物保护法》和《贵州省文物管理条例》、《国务院关于加强文化遗产保护的通知》及有关法律、法规之规定，与贵州北盘江电力股份有限公司签订《董箐水电站文物调查勘探工作协议》。根据该《协议》要求，贵州省文物考古研究所组织考古专业队伍对董箐电站库区淹没区及施工区进行了文物考古调查勘探工作。经调查勘探查明，在北盘江下游的董箐电站库区发现田脚脚及小河口遗址。2005年10月至2006年1月田脚脚及小河口遗址进行抢救性发掘。

北盘江下游的田脚脚及小河口遗址的发掘和报告的编写，都是在王红光及罗青松同志的主持和指导下，由参加工作的全体同志分工合作完成的。该遗址发掘由刘恩元领队，参加发掘工作的有刘恩元、王红光、席克定、郭秉红、吴小华、胡昌国、董欣、赵恩春、胡桂强、张玉新、李文鑫、贺君虎、唐文魁、林智翔、郑仕勇、陈勇、张合荣、高东辉、梁国雄、智建荣、刘保福、骆清山、靳记娃、寇献伟、王清槐、孟祥伟、焦文轩、刘睿、马景禄、杨昌龙等。插图由雷有梅同志绘制，部分标本的修复是由韩文华、韩前进、韩东等同志完成，器物照相是由郭秉红同志完成，报告编写由刘恩元同志执笔完成。

本报告是集体劳动的成果，我在编写报告过程中得到了席克定先生的指导，吴世忠、唐文元、唐秀成同志的大力协助和支持，北盘江中下游的调查资料由王新金、杨红、张新龙等同志提供。

北盘江下游的董箐田脚脚及小河口遗址调查及发掘经费均由贵州北盘江电力股份有限公司支持，在此一并向他们致谢。

刘恩元

田脚脚及小河口遗址远眺

图版二

田脚脚遗址发掘现场

1．田脚脚遗址F2遗迹

2．田脚脚遗址H6(05ZTT17) 灰坑

田脚脚遗址的房屋、灰坑遗迹

1. 灰坑（H7）

2. 灰坑（H8）

田脚脚遗址灰坑遗迹

1. 灰坑（H22）

2. 灰坑（H19）

田脚脚遗址灰坑遗迹

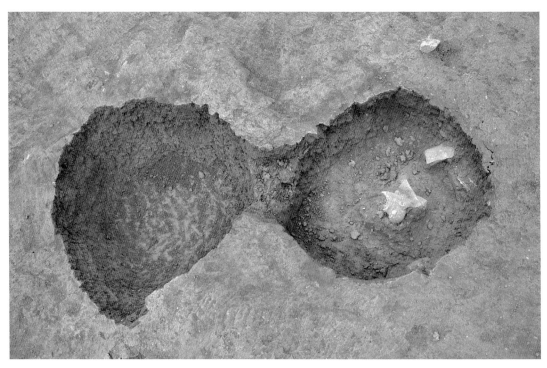

1.（H24）"8"字形灰坑

2.（Z1）灶

田脚脚遗址灰坑及灶遗迹

1. （Z4）灶

2. （Z8）灶

田脚脚遗址灶遗迹

1. (Z14) 灶

2. (G2) 沟

田脚脚遗址灶及沟遗迹

（G3）沟局部

田脚脚遗址沟遗迹

田脚脚遗址陶窑(05ZTY1)

田脚脚遗址陶窑

1. I 式石锛(05ZTT12②：2)

2. II 式石锛(05ZTT24：4)

3. III式石锛(05ZTT22②：1)

4. I 式石斧 (05ZTT8：1)

5. II式石斧(05ZTT6③：2)

6. 石陶拍(05ZTT20④：25)

田脚脚遗址出土石器

1.石环(05ZTT24④：1)

2.石手镯(05ZTT20④：21)

3.骨簪(05ZTT6③：5)

4.J型Ⅰ式陶罐（05ZTT8③：1）

5.Ⅶ式陶四系罐（05ZTT5③：1）

田脚脚遗址出土器物

1．V式泥质陶盆
（05ZTY1：4）

2．A型Ⅰ式夹砂陶钵(05ZTT19③：2)

3．Ⅱ式泥质陶碗(05ZTT15④：2)

4．Ⅲ式纺轮(05ZTT20④：16)

5．陶刀(05ZTT3：1)

6．封泥"陈琮信事"
（05ZTT20③：10）

田脚脚遗址出土器物

1. A 型(05ZTY1：15)　2. B 型(05ZTT12③：9)　3. C 型Ⅲ式(05ZTT2②：1)

4. D型(05ZTT8：1)　5. E型Ⅴ式(05ZTT22：2)　6. C型Ⅱ式(05ZTY1：16)

7. E型Ⅷ式(05ZTT17④：6)　8. E型Ⅸ式(05ZTT20④：5)　9. E型Ⅶ式(05ZTY1：21)

田脚脚遗址出土网坠

6. V式(05ZTT22④：4)

5. IV式(05ZTT22④：6)

4. III式(05ZTT22④：5)

3. II式(05ZTT22④：2)

2. I式(05ZTT22④：7)

1. I～V式铜弩机

田脚脚遗址出土铜弩机

1. Ⅰ式(05ZTT24④：5)　　　2. Ⅱ式(05ZTT8④：4)　　　3. Ⅲ式(05Z Ｔｙ1：2)

4. Ⅳ式(05ZTT14②：2)　　　5. Ⅴ式(05ZTT18②：5)　　　6. Ⅵ式(05ZTT7④：1)

田脚脚遗址出土铜箭镞

1.Ⅶ式(05ZTT3④：1)　　　　2.Ⅷ式(05ZTT8④：12)　　　　3.Ⅸ式(05ZTT20④：18)

4.Ⅹ式(05ZTT8④：3)　　　　5.Ⅺ式(05ZTT2④：7)　　　　6.Ⅻ式(05ZTT16③：1)

田脚脚遗址出土铜箭镞

1. 销钉(05ZTT12③：4) 2.泡钉(05ZTT21④：1) 3.Ⅳ式扣饰(05ZTT7④：3) 4.带扣
(05ZTT6③：6) 5.Ⅰ式扣饰(05ZTT22④：1) 6.Ⅱ式扣饰(05ZTT22④：4)
7.Ⅲ式扣饰(05ZTT22④：3)

田脚脚遗址出土铜器

1. Ⅱ式手镯(05ZTT8③：5)

2. Ⅲ式手镯(05ZTT24：1)

3. Ⅳ式手镯(05ZTT4②：1)

4. Ⅵ式手镯(05ZTT22②：11)

5. 砝码(05ZTT17③：1)

6. 铃(05ZTT17④：4)

7. 指环(05ZTT17④：10)

田脚脚遗址出土铜器

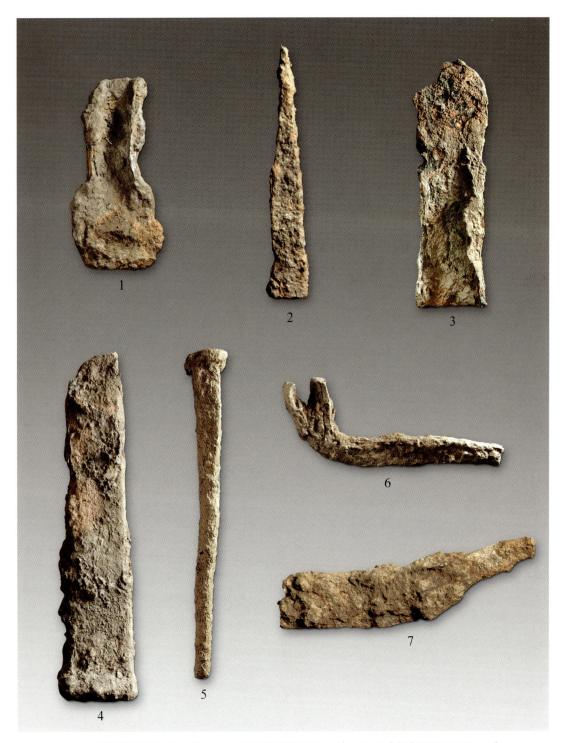

1. II式铲(05ZTT9③：2)　2. II式凿(05ZTT9③：1)　3. III式铲(05ZTT19②：1)

4. 錾(05ZTT12③：10)　5.钉(05ZTT16④：1)　6.钳(05ZTT19②：5)　7. II式刀(05ZTT5③：1)

田脚脚遗址出土铁器

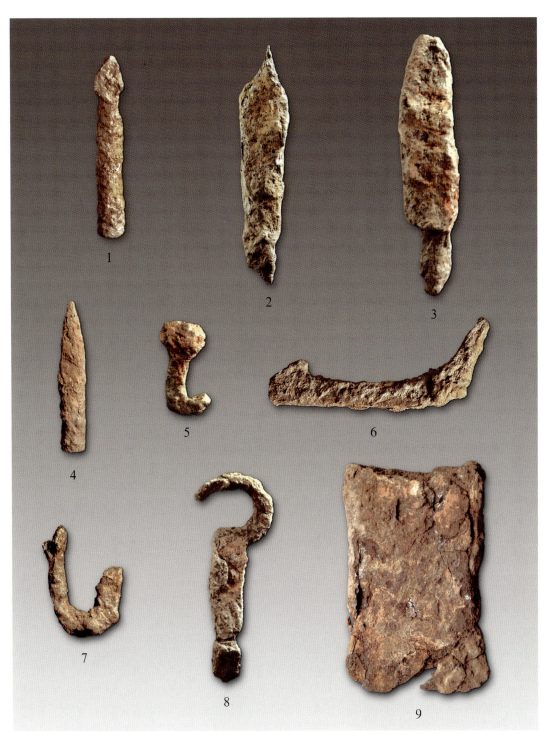

1. Ⅰ式箭镞(05ZTT6：1)　2. Ⅱ式箭镞(05ZTT23：2)　3. Ⅲ式箭镞(05ZTT1④：2)
4. Ⅳ式箭镞(05ZTT12②：1)　5. Ⅰ式钩(05ZTT4③：4)　6. Ⅱ式钩(05ZTT11③：3)　7. Ⅲ式钩
(05ZTT10：1)　8. Ⅳ式钩(05ZTT23③：8)　9. 板状斧(05ZTY1：4)

田脚脚遗址出土铁器

小河口遗址发掘现场

小河口遗址房屋遗迹分布情况

小河口遗址F1房屋遗迹

1.灰坑（H6）

2.灰坑（H8）

小河口遗址灰坑

1.灰坑（H3）

2.灰坑（H5）

小河口遗址灰坑

1.F3房屋遗迹

2.F3房屋遗迹局部基槽及柱洞

小河口遗址房屋遗迹

小河口遗址F2房屋遗迹

1. "八"字形灶（Z2）

2. "3"字形灶（Z4）

小河口遗址灶遗迹

1.1号墓（M1）

2.2号墓（M2）

小河口遗址墓葬

1.石锛(05ZZDNT11：2)

2.石箭镞(05ZZDNT5②：2)

3.Ⅰ式陶网坠
(05ZZDNT8③：7)

4.Ⅳ式陶网坠
(05ZZDNT10：3)

5.Ⅱ式陶网坠
(05ZZDNT4③：1)

小河口遗址出土石、陶器

1．Ⅴ式网坠(05ZZDNT10：1)　　　　2．Ⅱ式纺轮(05ZZDNT5③：1)

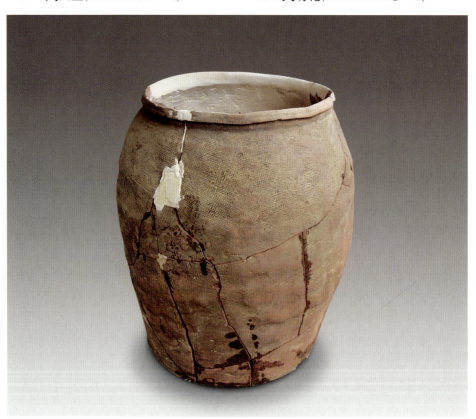

3．E型Ⅲ式罐(采集)

小河口遗址出土陶器

1.簪(05ZZDNT8：3)

2.刻刀(05ZZDNT8③：2)

3.钉(05ZZDNT8③：16)

4.鸟形器耳(05ZZDNT9②：5)

小河口遗址出土铜器

图版三四

1.扣饰（05ZZDNT9②：4） 2.Ⅲ式手镯（05ZZDNT5③：5） 3.Ⅱ式手镯（05ZZDNT7②：2）
4.Ⅰ式带扣（05ZZDNT5③：8） 5.Ⅱ式带扣（05ZZDNT5③：12）

小河口遗址出土铜器

1. I式(05ZZDNT5③：9)

2. II式(05ZZDNT10：4)

3. III式(05ZZDNT4：1)

4. III式(05ZZDNT5④：3)

5. IV式(05ZZDNT8③：11)

小河口遗址出土铜箭镞

1. 钯钉(05ZZDNT5③：1)　2. 马钉(05ZZDNT7③：1)　3. 长体铲(05ZZDNT6③：4)
4. 板状斧(05ZZDNT6③：3)　5. 镰刀(05ZZDNT5②：3)

小河口遗址出土铁器

1.销钉(05ZZDNT8：3) 2.叉(05ZZDNT9③：4) 3.凿(05ZZDNT9③：1)
4.箭镞(05ZZDNT6③：2) 5.凹口锸(05ZZDNT6②：1)

小河口遗址出土铁器

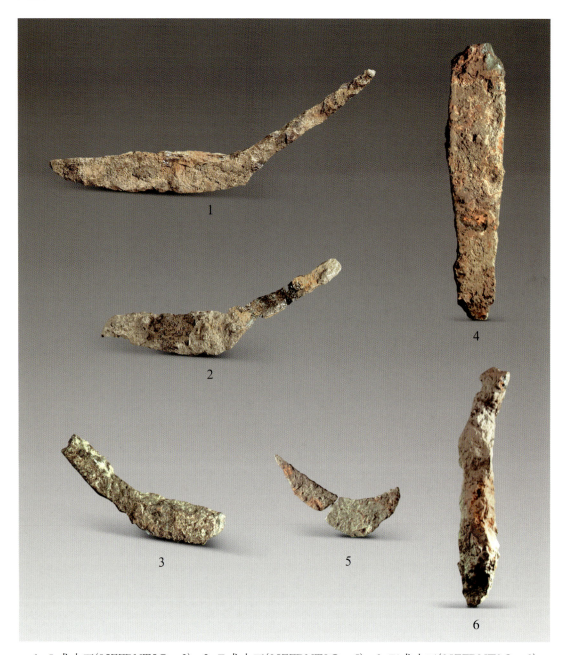

1. Ⅰ式小刀(05ZZDNT5③：3)　2. Ⅱ式小刀(05ZZDNT8③：5)　3. Ⅳ式小刀(05ZZDNT9②：8)

4. 直柄刀(05ZZDNT8③：12)　5. 削刀(05ZZDNT8③：11)　6. Ⅴ式小刀(05ZZDNT8③：2)

小河口遗址出土铁器

1.贵州省文物考古研究所领导研究石板墓

2.贵州省文化厅副厅长到考古发掘工地看望

图版四〇

1.贵州省编委领导参观考察考古发掘工地

2.贵州北盘江电力股份有限公司领导参观考古发掘工地